知れば明日の“わたし”が変わる

マンガ 自分の心理学大全

精神科医
ゆうきゆう監修

西東社

自分の心がわかると“生きにくい”自分を救うことができる

私たちは日々さまざまな悩みを抱えながら生きています。学校や仕事に関する悩みはもちろんのこと、自分の掲げる理想とのギャップに悩んだり、将来の不安だったり…。挙げれば際限がありませんよね。

それらの悩みには、心理学の知識で克服できるものも少なからずあります。心理学を学ぶことで、誤った思い込みなど、自分を生きにくくさせている原因に気づくことができれば、抱えている悩みを軽減することができます。また、心を知ることは自己理解の手掛かりにもつながります。毎日のストレスへの対処だけでなく、自分がよりよく生きるための環境を整えることにも役立ちます。

自分を理解することが生きにくさの解消につながる

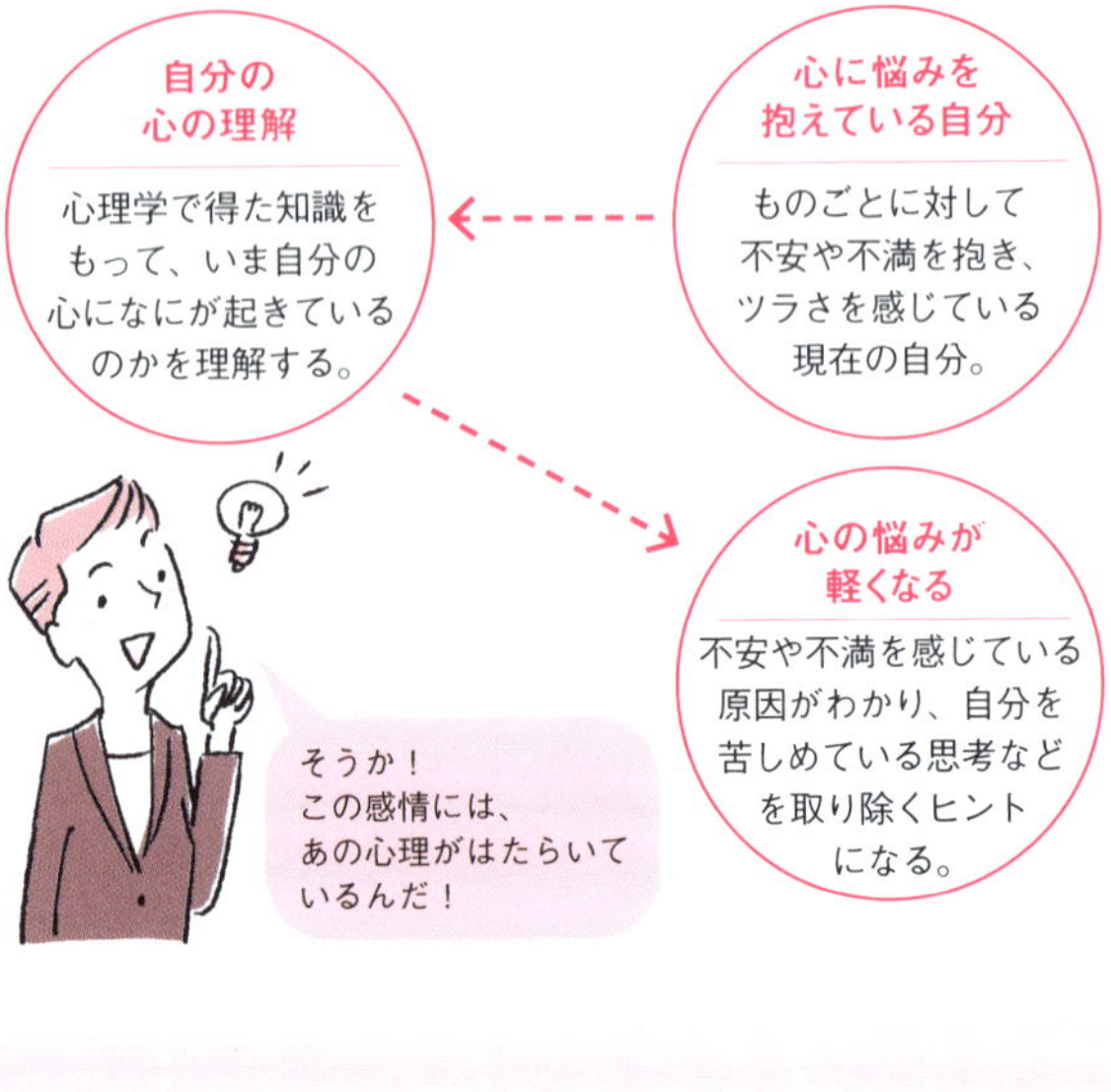
心に悩みを抱えている自分
ものごとに対して不安や不満を抱き、ツラさを感じている現在の自分。
自分の心の理解
心理学で得た知識をもって、いま自分の心になにが起きているのかを理解する。
心の悩みが軽くなる
不安や不満を感じている原因がわかり、自分を苦しめている思考などを取り除くヒントになる。
そうか！
この感情には、
あの心理がはたらいて
いるんだ！

心理学を通じて「気づき」と「対策」を得る

心理学で得た知識は、自分に悪影響を及ぼしている原因を取り除く「薬」にもなりえます。また、これから自分に悪影響を及ぼしかねない原因を遠ざける「盾」としても活用することができるので、自分の生きやすさにとても役立ちます。

自分を苦しめる「思考の落とし穴」に気づける

人は誰でも「思考のクセ」があります。この思考のクセにはよいものもありますが、悪影響をもたらすものもあります。「自分ってダメな人だ」「状況はどんどん悪くなるんじゃないか」といった思考は、事実とはまったく異なることが多いものですが、そのことに気づかず、気に病んでしまうことも。「この思考は事実とは異なっている」と心の落とし穴に気づけるだけで、心のツラさはずいぶんと軽くなります。

自分って本当にダメだな… ▶P20

悪いほうへ考えてしまう ▶P24

「認知行動療法」で心のしんどさを改善

本書では、心の悩みに対して「認知行動療法」での解決法も紹介しています。認知行動療法とは、自分を苦しめるような誤った「ものごとのとらえ方」や「行動」を見つけ出し、改善していく方法です。手軽に実践できるものも多くあるので、本書を参考に試してみてください。

気分が沈むパターンを知る ▶P228

今の自分でいいと書き留める ▶P236

「他人の心を知る」ことは「自分の心を救う」ことにつながる

心理学は、自分だけでなく他人のことを理解するうえでも、非常に役立ちます。私たちは日々の中で、少なからず他人とかかわる機会がありますが、ここで生じる人間関係の質が、私たち自身の生きやすさに大きく影響を与えます。

心理学を通じて他人を理解することができれば、より適切な人間関係の構築にもつながります。とくに、他人に配慮しすぎてしまう人は、人付き合いするだけでも心が疲弊してしまいます。その際に心理学の知識があれば、誤った思い込みなどから解放され、適切な距離感で他人と付き合っていくことができるのです。

心理学の知識があると他人の言動を理解できる

他人を理解できない自分

他人の心理を理解できないと、自分の考えと齟齬《そご》があった場合に歩み寄れず、人間関係が悪化することも。ひいては、自分の心も傷つけてしまう。

なんであの人は、あんなことをするんだろう！
自分の心が乱されてツラい…

他人を理解できる自分

他人の心理を理解できると、行動の裏に隠れている本音などがわかるため、齟齬《そご》が起きている原因を突き止めやすく、良好な人間関係を築きやすい。

そうか！あの人はこういう気持ちでいるのかも…
それなら、こういうやり方を提案してみようかな！

心理学を通じてよい人間関係を築く

心理学で得た知識は、他人に対しても有効です。
自分を取り巻く人間関係の質が向上すれば、相手はもちろん、
自分にとっても生きやすい環境を整えることができます。

人間関係を良好にする4つのポイント

▶ P99

本書で紹介する知識の一例！

単純接触の原理

何度も顔を合わせていると好意が増す心理のこと。

返報性の原理

相手からなにかをしてもらうと、自分もなにかをしたくなる心理のこと。

類似性の法則

自分と共通点の多い相手には好感をもちやすい心理のこと。

自己開示

自身のことをさらけ出してくる相手とは打ち解けやすいという傾向。

他人に流されない自分ももっておく

他人の心理がわかれば、よい人間関係を築くヒントになりますが、ときには他人ばかりでなく自分を尊重することも大切です。どちらか一方だけが我慢を強いられることなく、相手も自分も心地よい状態でいるためにも、心理学の知識が役立ちます。

自分はAがいいと思うけど、あの人はBのほうがいいと思うはずだから…Bにする？

人の評価が気になりすぎる ▶ P82

本当は嫌なのに断れない ▶ P130

明日の自分を少し変えるためにアドラー心理学を活用

心理学の知識をもって、日々抱えている心の悩みの原因がわかったら、次はそれを克服するために行動することが大切です。しかし、その重要性を理解していても現実にはそううまくいかず、「結局、自分は変われないのか…」と落ち込んでしまうことも。

そのようなときに頼りになるのが「勇気の心理学」と呼ばれるアドラー心理学です。

アドラー心理学は、共同体の中で自分の価値を見つけ、困難を乗り越える勇気をもって自分を変えていくことを目的とした心理学です。本書では、アドラー心理学を活用して、明日の自分を少し変えるためのヒントを紹介しています（▼P145）。

すべての悩みは「人間関係」によるもの

すべての悩みの原因となる「人間関係」は、次の４つから成り立ち、その中で変えられるのは「自分」！

心理学者
アルフレッド・アドラー

人間関係を構成する4つの要素

1	自分	自分が自分をどう把握しているか
2	相手	相手は自分をどう見ているか
3	環境	自分が置かれている環境
4	関係	「環境」における相手との関係

アドラー心理学にける5つの理論

アドラー心理学は、困難を乗り越える勇気を培う「勇気づけ」を目的としています。
その目的を果たすために大事にしているのが次の5つの理論です。
アドラー心理学では、これらの考え方を基本として考えていきます。

自己決定性

自分の生き方は自分の意志で決められるという考え方。

目的論

人間の行動は、目的あってのものであるという考え方。

全体論

心と身体、あるいは理性と感情のように、これらを分けてとらえず、ひとまとまりとしてとらえる考え方。

対人関係論

すべての行動や感情には、必ず相手役がいて、それが影響を与えるという考え方。

認知論

人は必ず自分だけの価値観をもち、その独自の価値観でものごとを判断しているという考え方。

勇気づけで困難を克服していく！

困難を克服する「勇気」を、自分や他人に対して与えること。勇気をもって行動することで自身の成長につながり、また、他人を勇気づけすることで良好な人間関係を築くことができるとしている。

知れば明日の〝わたし〟が変わる マンガ 自分の心理学大全 もくじ

PART 2

PART 3 すべては自分の心次第? アドラー心理学に見る自分の心

本書の見方

本書では、心の悩みをマンガで紹介し、その心理学的知識や解決法を紹介しています。頭から読んでも、自分の悩みから読んでもよいので、好きに読み進めてみてください。

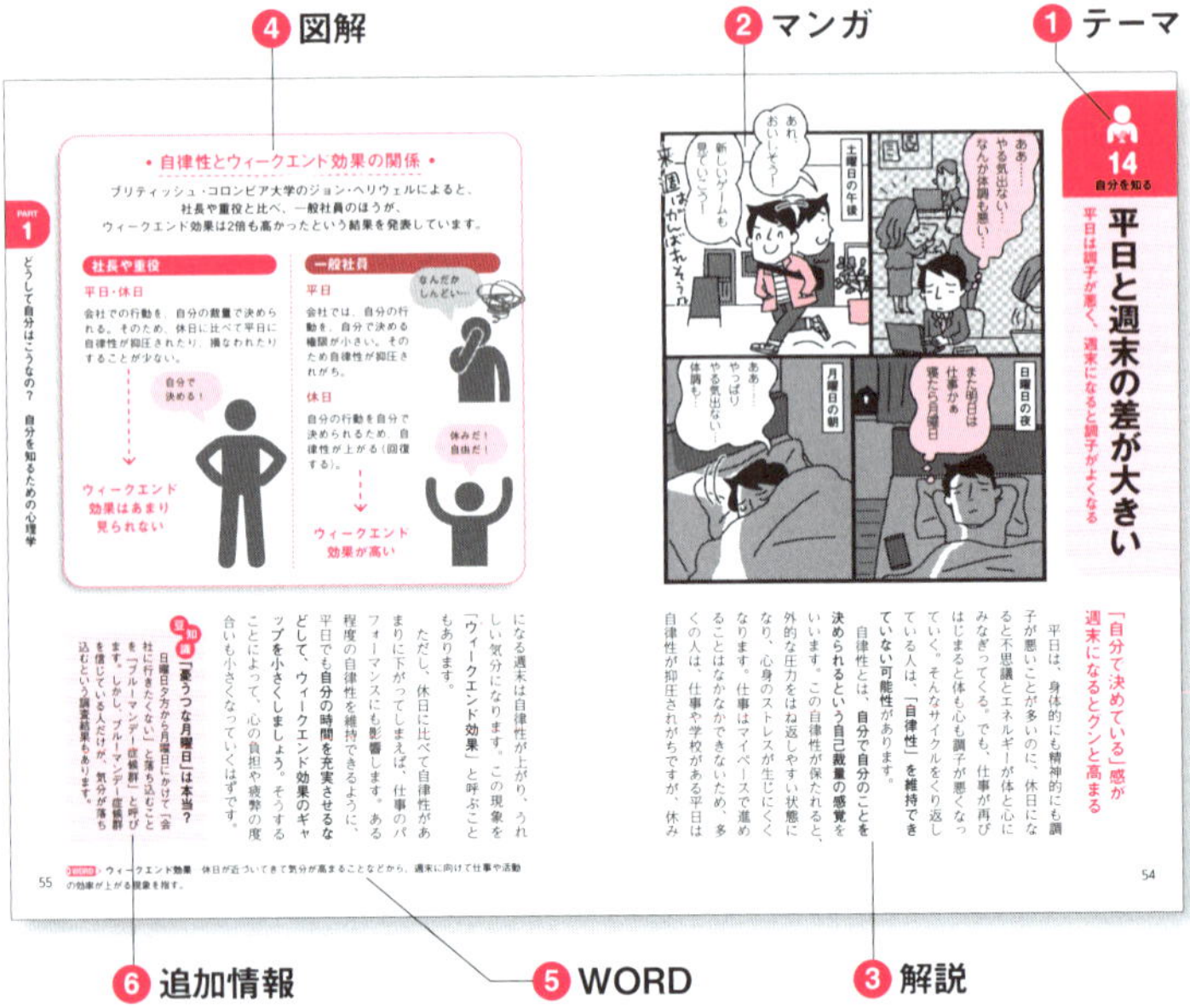

① テーマ

そのページの大きなテーマ。気になるテーマから読み進めて OK。

② マンガ

よくある行動や心理をマンガで紹介。陥《おちい》りがちな心の悩みを紹介しているので、自分の悩みと合うものが見つかるかも。

③ 解説

マンガのシーンに関連する心理学の知識や、悩みの解決法を紹介。

④ 図解

テーマの鍵となる内容をビジュアルで紹介。

⑤ WORD

重要なキーワードや心理学用語を紹介。

⑥ 追加情報

③解説で紹介しきれなかった情報や、活かしたい心理テクニックなどを紹介。

豆知識…関連理論からトリビア的なネタまで。

活かす！心理テクニック…心理学の理論をさらに応用する方法。

PART 1

どうして自分はこうなの？
自分を知るための心理学

日々過ごしていると「どうして自分だけこうなんだろう…」と
悩んでしまうことはないでしょうか。
その悩みの原因を心理学の観点から見ていきましょう。

自分を好きになれない

マイナスのレッテルを自分で自分に貼ってしまう

自己評価が低すぎると行動力も弱くなる

褒められても「そんなことありません」と否定する。新しくなにかをはじめようと思っても「どうせうまくいかないし…」と諦める。謙虚というより自信がなさすぎるこのようなタイプの人は、実際よりも低く**自己評価**するクセがついてしまっているのかもしれません。

自己評価とは、いわば自分の能力や価値、行動（アウトプット）などの自分自身に対する成績表です。「私なんて」「あの人みたいにできない」「無能だから」などという言葉が出やすい人は、**自己評価を実際よりも低くつけている可能性**があります。

このようなタイプの人は、**自分を肯定する感覚**（**自己肯定感***）も低くな

WORD **自己肯定感**…自分のよいところだけでなく、弱いところも理解し、ありのままの自分を受け入れて肯定する感覚。この感覚が低い人は、自信がない一方で、他人の承認を強く求める傾向があるといわれる。

日本人は自己肯定感が低い？

高校生を対象におこなったアンケートでは、以下のような結果が出ました。
日本人は突出して高い数字が出ており、
国民全体として自己肯定感が低い傾向にあるようです。

Q 自分はダメな人間だと思うことがある？

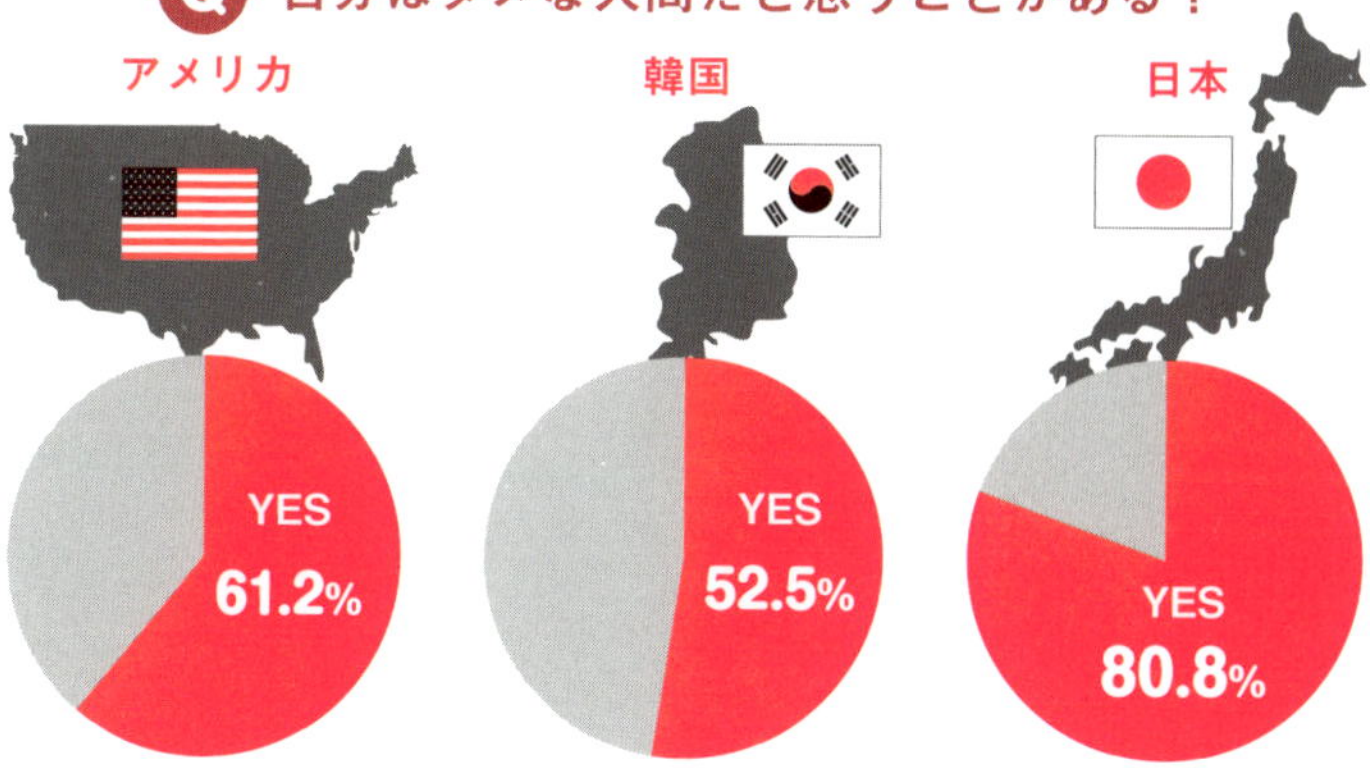

➡ 調査によると、日本人の自己肯定感は小学１年生から中学生にかけて、下がり続けることがわかっている。これは、学校生活を送る中で、個人よりも集団を優先する価値観が重宝されるためだといわれている。

自己肯定感が低い…

りがちで、高い能力があったとしても自信がもてず、「どうせ」「たまたま」「私なんて」というような言葉が、次から次へと出てしまいます。

自己評価を不当に低くしていることに気づけたら、**改めて客観的に、現実に見合った評価をするように心掛けましょう**。まわりの人より少しでもうまくできたら、紙やスマートフォンなどに「○○○は人並み以上にできる」などと、肯定的な言葉を書き出して振り返り、意識をリセットできると心が楽になります。

活かす！ 心理テクニック

正しい自己評価で意欲上昇

意欲を高めるには、自分を正しく見ることが必要。努力の末に上達したなら積極的に自分を褒めます。思ったように伸びないときには「こうすれば上を目指せる」などと具体的な行動を考えましょう。

20答法で自分を見つめ直してみる

自己肯定感が低くなりがちな人は、自信がもてず不安や焦りを感じ、気持ちが落ち込んでしまいます。そんなときは20答法を使い、自分自身を見つめ直してみましょう。

自分を見つめ直す作業

自分を見つめ直す作業は、自分自身の欠点や嫌な部分にも向き合うことになるため、ときにツラく、苦しいものになります。ですが、以下のようなメリットもあります。

① 自分の心と向き合って考えるクセがつき、なにか問題が起こったときでも現実から逃げずにその問題に取り組むことができる。

② 普段は意識していない自分の長所や短所、強みや弱みなどに気づくことができる。

③ 現在の自分の欲求や悩み、課題などを知ることができる。

20答法とは?

「文章完成法」とも呼ばれる20答法は、アメリカの心理学者クーニーとマックバーランドが開発した自己分析の手法。「私は…」ではじまる文章を短時間で20文完成させます。「私は女性だ」「私は大阪出身だ」「私は30歳だ」といった自分の特徴を思いつくたびに書き出していくことで、本当の自分の内面を知ることができます。

20答法で自分を見つめ直す

やり方 「私は…」ではじまる文章を20個ほど作成する **制限時間** 5〜10分

ポイント 紙に書き出しても、スマートフォンなどで作成してもOK

20答法の例

① 私は女性だ
② 私は愛知県出身だ
③ 私は神奈川県に住んでいる
④ 私は一人で暮らしている
⑤ 私はIT関係の仕事をしている
⑥ 私は旅行が好きだ
⑦ 私は人見知りだ
⑧ 私は心を許せる友人が二人いる
⑨ 私はねばり強い性格だ
⑩ 私は慎重だ
⑪ 私は責任感が強い
⑫ 私は会社の飲み会が苦手だ
⑬ 私は他人の目を気にしてしまう
⑭ 私はけっこう涙もろい
⑮ 私はひとつのことにこだわるタイプだ
⑯ 私は子どもの頃から頑固だ
⑰ 私は仕事よりも友達が大切だ
⑱ 私は喜怒哀楽を表現するのが得意ではない
⑲ 私は頼まれると忙しいのに仕事を断れない性格に悩んでいる
⑳ 私は親からいろいろといわれることが嫌でたまらない

書き出した内容は誰に見せるものでもないので、頭に浮かんだものをそのまま整理せず吐き出してみることがコツです

書き出した内容を自分で評価してみよう！

20答法では、最初のうちはすらすらと答えられますが、10個目くらいから書くことが出てこなくなります。後半は抑えられていた欲求や願望、悩みなど、自分の内面に関する情報が出てくることが多くなり、自分自身の隠れた悩みやこだわりなどに気づけることがあります。書き出した20の回答を見て、「どのようなことを多く書いているか？」「普段、自分が意識していない内容はあるか？」「自分の今の状態と比べてどう感じるか？」などを評価してみましょう。

02
自分を知る

自分って本当にダメだな…

自分で自分を肯定することができない

自分自身を否定する気持ちが止まらない

自分を粗探しして、小さなミスを見つけては「自分はダメだ」と思い込んでしまうことはありませんか。悩みを抱えやすい人の多くは、このような**自己否定***の感情を抱きやすい傾向があります。

自己否定に陥《おちい》ってしまう理由は、**自分が思い描いた理想があるから**です。向上心や責任感が強い人ほど、理想に届いていないと、自分を責めて改善しようとします。理想をもつこと自体は、自分の成長をうながす原動力になります。しかし、理想に近づくために自己否定してまで自分を戒《いまし》めてしまうと、**かえって自分の行動を制限し、成長を妨げる要因になってしまいます**。ですので、まず

WORD **自己否定**…自分のことを否定的にとらえ、信じ込むこと。自分のことを嫌い、自分の願望や欲望を自ら抑え込んでしまう。

• セルフコンパッションで自分にやさしく •

セルフコンパッションは、自分にやさしく接するための考え方。
３つの視点から、自分の心を労《いたわ》ります。

自分へのやさしさ
友達を思いやるときのように、自分に対してもやさしくすること。

共通の人間性
失敗や欠点は人間として、誰にでもあることだと理解すること。

マインドフルネス
思考にとらわれることなく、目の前の現実に意識を向けること。

セルフコンパッションを鍛えるには？

インターベンション・ブレスレット
ブレスレットや指輪などアクセサリーを身につけ、自己否定の感情がわいたら、アクセサリーを別の場所につけかえる。つけかえるときに「自分は、今、不快感を覚えたんだ」ということを自覚することで、不快感が軽減される。

コンフォートジェスチャー
「お腹に手をあてる」「肩を触る」など、自分の気分が落ち着くジェスチャーを用意しておき、自己否定の感情がわいたときにこのジェスチャーをおこなう。副交感神経が活発化し、セルフコンパッションの気持ちがわきやすくなる。

は自己否定してしまう自分を手放してあげる必要があります。

　自己否定を止める第一歩は、**「自分を責めなくてもいい」と理解する**ことです。自己否定をしてしまう人は、完璧を求めてしまうがあまり、**自分に厳しく接してしまいます。**これでは成長はおろか、毎日ツライことばかりになってしまいます。厳しくするのではなく、自分にやさしく接する**セルフコンパッション**＊を意識すると、自己否定から来るツラさを軽減できるかもしれません。

豆知識　反省するなら肯定もしよう

自分を省《かえり》みるときには、ポジティブな点にも注目しましょう。どんなに些細《ささい》なことでも、それは「誰にでもできること」ではありません。「できて当たり前」だと思っていることに、自分のよさが隠れています。

WORD **セルフコンパッション**…心理学者クリスティーン・ネフによって提唱された「自分をやさしく受け入れる」ためのテクニックで「困っている友達に接するように、自分を労《いたわ》る姿勢」のことを指す。

自分の性格を知ろう

自分自身の性格を理解すると、自分に合った行動や考え方を実践することができます。心理学者ユングの『タイプ論』を用いて、自分の性格を考えてみましょう。

ユングが提唱した性格分類『タイプ論』とは？

スイスの心理学者ユングは、まず、人には「外向型」と「内向型」のふたつの傾向があると考え、さらに「思考機能」「感情機能」「感覚機能」「直観機能」の４つの心の機能があるとしました。

自分の外の世界からエネルギーを得やすいタイプ。**明るく社交的**な傾向がある。
この傾向が強いと**「外向型」**

自分の中の世界からエネルギーを得やすいタイプ。**静かで内省的**な傾向がある。
この傾向が強いと**「内向型」**

心の機能

思考機能
論理的で分析的な判断をする心の機能。

感情機能
他人との調和や自分の価値観を重視する心の機能。

感覚機能
現実的で具体的な情報を重視する心の機能。

直観機能
視覚的または抽象的な情報を重視する心の機能。

自分を知ることが自分を生きやすくする

自分の性格を理解することは、自分が気づかなかった強みや弱みを把握するきっかけに。また、自分への理解を深めることで、次のような効果を期待できます。

① 自分の「苦手」を対策できる

自分の性格の特徴を理解していると、自分が苦手なことに対してあらかじめ予測し、対策できるため、ストレスを必要以上に感じにくくなる。

② 自分に合った環境がわかる

人は自分を取り巻く「環境」に影響を受ける傾向がある。そのため自分の性格に合った環境を選ぶことで、自分の生きやすさを向上させることができる。

③ 対人関係の向上に役立つ

相手のことを理解するときにも応用できる。相手の特徴を理解し、それに応じたコミュニケーションを図ることができれば信頼関係の向上にもつながる。

ユングが分類した8つの性格

『タイプ論』の性格分類をもとにした性格の特徴は次の８つの通りです。自分がどの性格に近いかを考え、自己理解に役立てましょう。

外向型

思考機能が強い人 ➡ 外向的思考型

自分の主張を明確に話すことができ、合理的な判断ができるタイプ。人間味に欠け、共感されにくいことも。

感情機能が強い人 ➡ 外向的感情型

流行に敏感で、常に人とかかわることを好むタイプ。周囲に溶け込みやすいが、他人に流されやすい側面もある。

感覚機能が強い人 ➡ 外向的感覚型

身体的な感覚で得られる刺激を好むタイプ。周囲を巻き込んで変化を楽しめるため、好感をもたれやすい。

直観機能が強い人 ➡ 外向的直観型

常に新しい可能性を求めることを好むタイプ。アイデアをひらめくことが得意な一方、飽きっぽい側面もある。

内向型

思考機能が強い人 ➡ 内向的思考型

本質を追及してものごとを考えることを好むタイプ。周囲への意思伝達が苦手で、共感されにくい側面がある。

感情機能が強い人 ➡ 内向的感情型

内なる感情が豊かで、その感情を大事にするタイプ。表に出すことはないが、確固たる意志をもっている。

感覚機能が強い人 ➡ 内向的感覚型

自分の感性を大事にするタイプ。創造力を発揮しやすい側面がある。主観的なため、周囲から共感されにくい。

直観機能が強い人 ➡ 内向的直観型

ものごとを感覚的に判断することを好むタイプ。社交性が乏《とぼ》しいという側面があり、周囲からは共感されにくい。

03
自分を知る

悪いほうへ考えてしまう

暗い思考のループ。負のスパイラルに陥《おちい》りがち

無意識の「自動思考」が負のイメージを生み出す

起きた出来事に対して、**瞬時に頭に浮かぶ思考や感情、イメージのこと**を**自動思考***と呼びます（▼P212）。ポジティブなものもネガティブなものもありますが、あまりにネガティブな思考に偏りすぎるなら注意が必要です。精神のバランスを崩す原因になってしまうことがあります。

例えば、同僚や友人にあいさつをしたのに、相手はそのまま通り過ぎた……。気づかなかっただけかもしれないのに、「無視をされた」「嫌われている」などと思ってしまう。**ついつい悪く考えてしまうことが多い人は、自動思考がネガティブになってしまっている**可能性があります。

大事な仕事や試験などの前に、い

WORD **自動思考**…頭の中に自動的に浮かぶ思考や感情、イメージのこと。心理学では、心のクセのような「スキーマ」（▶P212）が生み出すと考える。

自動思考の例

自動思考は、無意識に起こる思考のパターンです。ネガティブな思考回路に陥《おちい》りやすい人は、心のクセを意識的に矯正《きょうせい》していきましょう。

パターン 1

例 仕事でミスをした。自分はダメな人間だ。

行動 ものごとを○か×か、白か黒かで極端に考えてしまう。

対策 「すべてを完璧にできる人はいない」「ばん回すればよい」などと考えてみよう。

パターン 2

例 営業目標が高い。自分が達成できるはずがない。

行動 未来のことを悲観的に考えてしまう。

対策 「できることを少しずつ積み上げていけばよい」と考えてみよう。

パターン 3

例 自分は口下手だからいつも人とうまく話せない。

行動 うまくいかないことばかりに注目して、自分を過小評価してしまう。

対策 「口下手だけど、話を聞くのは得意」などと自分の長所を挙げてみよう。

パターン 4

例 友人から返事がこない。自分のことを嫌っているに違いない。

行動 「きっとこうだ」と、他人の考えや行動を邪推《じゃすい》してしまう。

対策 「忙しいのかもしれない」などと考えて、いったん時間をおいてみよう。

つも「失敗する」と思っていないでしょうか。相手の意図がわからないのに、「自分のことを悪く思っているかもしれない」ととらえる傾向はないでしょうか。なにかあるたびにネガティブな自動思考が生じやすいのなら、心のクセを修正する必要があるもしれません。

心理療法では、**認知行動療法**（▶P216）を用いて解決を目指す方法があります。専門家の指導を受けることが望ましいですが、自分でやってみることも可能です。

活かす！ 心理テクニック

現実に即しているか確認

自動思考は条件反射。一拍おいて、考え直すクセをつけることが大切です。知人が通り過ぎたとき、「無視をされた」と考えてしまう。でも、一拍おいて「気づかなかったのかも」ととらえ直してみるのです。

04
自分を知る

すぐ悲観的に考える

どんなことも非現実的に悪くとらえてしまう

現実のとらえ方がなぜかゆがんでしまう

何事も悲観的にとらえてしまうなど、自動思考（▼P212）がネガティブになりがちなのは、「心のクセ」のほかに、**認知のゆがみ***が大きくなっているせいかもしれません。

認知のゆがみとは、**出来事やものごとに対して、現実にそぐわないとらえ方をしてしまう思考パターン**のことをいいます。実際はそうではないのに、「絶対に○○に違いない」などと思い込んでしまうのが典型的なパターンです。それも、「嫌われた」「誰も私を必要としていない」「私には向いていない」「うまくいくわけがない」「自分のことが本当に嫌だ」などと、必要以上に自分を貶《おとし》めてしまう。もし、そんなとらえ方をよく

WORD **認知のゆがみ**…思考のクセによってものごとを客観視できず、とらえ方が偏ったり、解釈のレパートリーが少なくなったりする状態。ゆがみ方が強くなると、ストレスを抱えやすくなる。

認知のゆがみ10パターン

心理学者バーンズが分類した「認知のゆがみ」は以下の10パターン。
自分がどのタイプの思考をしやすいか、考えてみましょう。

全か無か思考
「白か黒か」など、極端な思考に走りやすい。

一般化の行きすぎ
たった一度の失敗で、すべてがダメになったと思い込む。

心のフィルター
悪い面ばかりクローズアップして見てしまい、よい面が見えなくなる。

結論の飛躍
ささいなミスを大事にとらえ、「おしまいだ」などと飛躍してしまう。

マイナス思考
なんでもかんでも悪いほうにとらえてしまう。

誇大視と過小評価
自分の欠点は大きくとらえ、長所を小さくとらえてしまう。

感情の決めつけ
不安を感じると、「失敗するに違いない」などと考えてしまう。

レッテル貼り
「自分はダメな人間だ」などと決めつけて思い込んでしまう。

自己関連づけ
周囲で起こる問題を、なんでも「自分のせい」と思い込んでしまう。

すべき思考
「〜すべき」と考え、それ以外の方法が浮かばなくなる。

してしまうのであれば、一度、自分の認知がゆがんでしまっていないか向き合う必要があります。

人は、多かれ少なかれ、現実をそのままの形ではとらえていないものです。とはいえ、あまりに悲観的なとらえ方ばかりしていると、**現実がその悲観的な考え方に引っ張られてしまう**ことにもなってしまいます。

まずは悲観的なゆがみを取り払うように心掛けてみましょう。ゆがみの大きさを意識すれば、現実とのズレに気づけるようになります。

活かす！ 心理テクニック

信頼できる人の力を借りる

認知のゆがみは、無意識に思い込んでしまっていることが多いため、自分だけでは気づきにくいという面もあります。そんなときには、まわりの人に話してみることで新たな気づきが得られることもあります。

05
自分を知る

謙《けん》遜《そん》グセがついている

謙遜《けんそん》していても心の奥では否定してほしい

卑《ひ》下《げ》することで多くの称賛を求める

本当は褒めてほしいのに、自分を下げて語ってしまう。こうした**自分を卑《ひ》下《げ》するような言動**も、行きすぎると自分の心を損なうことになってしまいます。「自分なんかには似合わない」や、「自分の実力ではまだまだ…」などといった言動をする**卑《ひ》下《げ》**という行為は**迎合行動***の一種です。一見、「謙虚」にも「自己否定」にも見えますが、**実は自信があって、より多くの賞賛を得たいという心のあらわれである可能性もあります。**

この迎合行動には大きく4つのタイプが知られています。1つ目は「**卑《ひ》下《げ》**」。自分を相手よりも低く見せることで、相手の好意を得ようとする行動です。2つ目は「**賛辞**」です。

WORD **迎合行動**…自分の感情や考えに反しているとわかりつつ、相手の言動や行動に同調することで、相手の好意を過分に得ようとする行動。

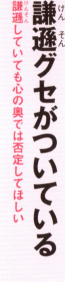

迎合行動の4つのパターン

迎合行動と呼ばれる、過度に好意を得ようとする行動には４つの傾向があります。必ずしも悪いことではありませんが、過剰にならないよう注意。

① 卑下《ひげ》

自分を貶《おとし》めた表現をすることで、相手をもち上げようとする行動

過度にやりすぎると…

なにをいっても自分を蔑《さげす》んだネガティブな返答しかせず、むしろ皮肉や嫌味をいっているような印象にとられかねない。

② 賛辞

卑下《ひげ》とは反対に、相手を褒めることでもち上げようとする行動

過度にやりすぎると…

露骨なお世辞でなにに対しても褒めたたえるがゆえに、相手にウソだと思われて信頼を落としかねない。

③ 同調

相手の意見に対してすべて肯定し受け入れる行動

過度にやりすぎると…

適度な同調は仲間意識をもたせるが、過度になることで自分の存在意義を軽んじられてしまう可能性が高い。

④ 親切

相手の行動を常に注視し、なにかと手を貸す行動

過度にやりすぎると…

相手の一挙手一投足に意識しているため、相手にプレッシャーを与えやすく、不自由な感覚を与えかねない。


相手を褒めることで好かれようという行為です。3つ目は「**同調**」で、相手の意見や指示をすべて受け入れて相手からの印象をよくしようとします。4つ目は「**親切**」です。相手のことをいつも気にかけて、なにかあれば手を差し伸べることで好意を得ようとする行動です。

いずれも適度な範囲なら問題はありません。ときどき、自分の迎合行動をチェックし、やりすぎていたら抑えたり、減らしたりする意識をもちましょう。

豆知識

成長するチャンスも失う

卑下《ひげ》は、努力以上の賞賛を得たり、受けるべきマイナス評価をかわしたりするための言動だといえます。そのため、本来の自分を見失ってしまい、成長していく機会が限られてしまうことにもつながってしまいます。

繊細で後ろ向きな自分を救うコツ

さまざまなことに気づきすぎて、生きづらくなっていませんか？
「気づくこと」は悪いことではないので、
うまく使いこなせば生きづらさを取り除くことができます。

繊細でも生きやすくなれる

日常を送る中で、あらゆることに敏感に気づける人がいます。そのような人はネガティブなことにも気づくので、いつもそれらを気にして生きづらくなってしまいます。しかし「気づく」ということは変えられなくても、実は「気にする」という行動を変えると、生きづらさから自分を救うことができます。

生きづらくさせる考え方

考え方1 自分はなにもいいところがない

「自分なんてダメだ」などと、「自分を監視している自分」が常に責めてくる状態。「こうあるべき」という理想像をもとに指摘してくるため、不足していることばかり見えてしまう。

対策 あくまで「自分独自の基準」で評価されていることを理解しましょう。自分が悪いと決めつける必要はありません。自分の考え方だけが、自分を低く評価しているのです。

考え方2 人に迷惑をかけている気がする

「これをしたら迷惑がかかるのではないか」と気にするがあまり、自分のやりたいようにできないどころか、心を擦り減らしてしまっている状態。

対策 生きていれば迷惑をかけることは普通なので、迷惑をかけないようにしなくて大丈夫です。そのかわり自分が多少の迷惑を被ったときに相手を許すようにすれば、それで平等になります。

考え方3 まわりからどう思われてるか気になる

「自分はこの人にどう思われているんだろう」と常に気になり、本当の自分を出すよりも、相手によいと思われそうな自分しか出せていない状態。

対策 このとき実は、むしろ自分が他人を判定していることに気づきましょう。他人をチェックしているがゆえに、その矢印が自分に返ってきています。相手を判定する意識を緩めてみましょう。

自分にやさしくする3ステップ

「自分にやさしく」といわれても、自分がダメになってしまいそうでうまくできないことはありませんか？ 「やさしくする」は「甘やかす」ではなく、「大切にする」ということ。次の３つのステップを実践してみましょう。

① 自分を責めない

ものごとに対して「誰のせい」と考えることから離れましょう。ものごとの多くは「よい」「悪い」の二元論ではありません。したがって「相手が悪い」のでもなければ、当然「自分が悪い」のでもありません。

② しっかりと受け取る

感謝や褒め言葉などを周囲の人が投げかけてくれているものの、自分がすごいことをしたと思っていないため、それを見落としてしまうことが多々あります。しっかりと肯定的な言葉も受け取りましょう。

③ やりたいようにやる

自分が我慢することや、やりたくないことをやめましょう。そのかわりに、自分が心地よいほうを選ぶことで、自分の意志で決断する「自己決定感」をもって主体的に取り組むことができます。

自分を救うスモールテクニック

自分を生きづらくさせる考え方をやめ、やさしさをもって自分を労《いたわ》っても、それでもときにはネガティブの波に襲われることはあります。そのようなときは次のようなテクニックを実践してみましょう。

自分の気持ちを書き出す

自分が思っていることをそのまま書き出してみましょう。誰に見せるものでもないので、整理されていなくて大丈夫です。

人に気持ちを聞いてもらう

自分の頭を支配しているネガティブな感情を、そのまま誰かに話してみましょう。カウンセラーなどに話すのでもOKです。

声を出す

一人で「あー」などと声に出してみましょう。感情は必ずしも言葉にする必要はありません。

ドラマ・映画を見る

ドラマや映画などを見て、感情移入してみましょう。悲しいときは泣いても大丈夫です。感情を外に出すことが重要です。

「ネガティブ時間」を設定する

1日に1回、ネガティブになる時間を設け、それ以外の時間でネガティブ感情がわいてきても、考えるのを先送りしましょう。

06
自分を知る

悪いことは全部自分のせい

自分で自分を責め、罰しようとしてしまう

なんでも自分が悪いと責めてしまう

失敗したことを反省するのは誰しもすることで、大切なことです。しかし、例えば天気の変化など、誰にもどうしようもないようなことまで自分のせいだと思ってしまうことがあるなら、それは**自罰感情**が強すぎるのかもしれません。

自罰感情とは**自分で自分を罰しようとする欲求**です。行き場のない罪悪感をあえて自分が引き受けることで、精神的に楽になろうとするのです。心の安定を保つ**防衛機制**＊のひとつであるとも考えられており、この感情が強くなりすぎると、**自尊心が保てなくなったり、抑うつ状態に陥《おちい》ったりする危険性**があります。

なにかがうまくいかないと、理由

WORD **防衛機制**…無意識にはたらく心のメカニズムのひとつ。不快な感情や思考を和らげる役割をもつ。自然な心理作用だが、現実に即さない特定の防衛機制がくり返されると、精神の不調につながることもある。

自罰感情のメカニズム

自罰感情は次のような流れでつくられていきます。このサイクルをどこかで止めなければ、悪循環から抜け出すことができません。

アクシデントが発生
自分が所属する部署でプロジェクトが失敗
失敗は自分のせいかも…
罪悪感を抱く
失敗に対する漠然とした罪悪感が生じる
消えない罪悪感
罪悪感がモヤモヤとして解消されない
拡大解釈
自分の分担はうまくいったのに「自分の努力が足りなかった」と解釈
努力が足りなかったんだ…
過剰な反省
「もっとがんばらなくては」といったように自分の中ではモヤモヤが解消
もっとがんばらないと…！
このサイクルをくり返して本人はボロボロになっていく…

もなく「自分が悪い」とすぐに責めたり批判したりしてしまう。そんな傾向があるのなら、まずは「自分が悪い」と思う思考や感情を正面から受け止めて、本当に自分が悪いかどうかを確認してみましょう。もし自罰感情が行きすぎていると感じた場合は、「私が悪いわけではない」など**自分の気持ちを声に出してみましょう**。自罰的になってしまう人は、頭の中でネガティブに考え込んでしまう傾向があるため、声に出すことはとても重要です。

活かす！ 心理テクニック

自分を好きになる訓練も

自罰感情を減らすには、自分を大切にする気持ちや今の自分を好きになる感情を育むことも重要です。自分に対して過度な理想像を強要せず、「自分が幸せになるには？」と意識して行動してみましょう。

ストレスが溜まりがち

ささいなことで、いつもイライラ、睡眠不足……

ストレスは溜める前に早めの解消が最善策

仕事が思うようにいかず、プライベートもおもしろいことがない。休みの日は疲れて1日中ベッドの中。とくになにがあったわけではないのに、いつもイライラ……。ストレスはこまめに解消しておかないと、日常生活や仕事に支障をきたしてしまうため、なんらかの方法で解消していきたいところです。そのような場合、まずとるべき方法は、やはり休息です。**とくに睡眠は重要**。最優先事項として必要な時間を確保しましょう。また、適度な運動や趣味などでのリフレッシュや、バランスのとれた食事も大切です。

臨床心理学では、ストレス対処の方法を*****ストレスコーピング**と呼びま

WORD ▶ **ストレスコーピング**…「コーピング」とは「対応する」「乗り越える」という意味。ストレスコーピングは、ストレスの多い状況を適切にやり過ごす対処方法のこと。

• いまの自分のストレス度を知る •

自分のストレスがどれぐらい溜まっているか、まずは知ることが大切。
以下のストレスチェック表に取り組んでみましょう。

A　あなたの仕事で最もあてはまるものに○をつけてください。

	そうだ	まあそうだ	ややちがう	ちがう
❶ 業務量はそれほど多くない	1	2	3	4
❷ 時間内に仕事が処理できている	1	2	3	4
❸ 自分で仕事の順番・やり方を決めることができる	1	2	3	4
❹ 職場の仕事の方針に自分の意見を反映できる	1	2	3	4

B　最近 1か月間のあなたの状態で最もあてはまるものに○をつけてください。

	ほとんどなかった	ときどきあった	しばしばあった	ほとんどいつもあった
❶ ひどく疲れた	1	2	3	4
❷ 不安だ	1	2	3	4
❸ ゆううつだ	1	2	3	4
❹ よく眠れない	1	2	3	4

C　あなたが困ったとき、次の人たちはどのくらい頼りになりますか？

	非常に	かなり	多少	まったくない
❶ 上司	1	2	3	4
❷ 職場の同僚	1	2	3	4

ストレス度は、自分自身の置かれている環境などによって変化します。ストレスチェック表の設問については、定期的に回答する機会をつくり、ストレス度の変化を見てみるのも効果的です。

（厚生労働省『職業性ストレス簡易調査票（簡略版23項目）』より作成）

すが、**ストレスの原因そのものに対処していく問題解決型コーピング**と、**ストレスによって生じる負の感情を緩和する感情焦点型コーピング**に分かれます。仕事のストレスの場合、相手があるものなので問題解決型コーピングは難しいかもしれませんが、感情焦点型コーピングならコントロールがある程度は可能です。例えば、信頼できる人に自分の苦しい状況を相談したり、趣味で気分転換を図ったりするなど、心の状態を整える習慣をつけましょう。

活かす！　心理テクニック

問題解決型コーピングも重要

感情焦点型コーピングでは、ストレス原因を根本的に解決できないことも。ストレス原因と向き合うことはツラいものですが、問題を明確にし、解決方法を考える問題解決型コーピングに取り組む勇気も必要です。

ストレスへの対処法

ストレスやストレッサー（ストレスの原因）への対処法を、「ストレスコーピング」と呼びます。
アメリカの心理学者ラザルスの説などをもとに、代表的な対処法を紹介します。

問題解決型コーピング

抱えている問題を明らかにし、ストレスの原因となっている問題そのものに対処する方法です。複数の解決策を出し、優先順位を決めて実行しましょう。

1. 問題を明確にして、その原因を探る
2. 複数の解決策（選択肢）を出す
3. 解決策を実行する優先順位を決める
4. 解決策を実行してみる
5. ストレスが解消・軽減しない場合は、ほかの解決策を実行する

例 満員電車がストレスなので、時差出勤をする。

POINT

仕事上のストレスのように、相手との関係性などから、個人の裁量では問題の解決が難しい場合もあります。そのような場合は、周囲や専門家の助けを借りましょう。

感情焦点型コーピング

ストレスによって生じる負の感情を緩和したり、解消したりして対処する方法です。逃避型や発散型、解消型などがあります。

逃避型 旅行に出かけるなど、ストレッサーから遠ざかる。

発散型 不満を相手にはっきり伝えたり、怒りをぶつけたりするなどして、ストレスを発散する。

解消型 趣味やスポーツ、ゲームなど、別の行動に打ち込むことでストレスを解消する。

POINT

ストレスの原因そのものに対処しているわけではないため、根本的な解決にならない場合もあります。また、発散型は相手との関係が悪化するなど、新たな問題を生じさせるおそれもあります。

認知的処理型コーピング

自分の価値観や性格、行動パターンなどを知り、ストレス状態に陥《おちい》る前にあらかじめ対処したり、ストレスをあるがままに受け入れて軽減したりする方法です。また、性格や感情の偏りを修正することでストレスをコントロールする方法なども含まれます。

例

仕事でミスをして上司に怒られた。

↓

でも、大きな問題に発展する前に
解決できてよかった。

POINT

自分の大切にしている価値観をもとに行動したり、ものごとに対する見方やとらえ方を変えたりすることが大切です。ただし、自分の価値観や性格、行動パターンを正確に把握する必要があります。

社会的支援型コーピング

自分だけでは解決が難しいストレスやストレッサーなどの場合に、周囲や専門家の力を借りて対処する方法です。

- 知人や友人、上司に相談する
- 家族に相談する
- 専門家や専門機関の助けを借りる

POINT

ストレスを溜めがちな人は、なかなか相談できずに問題を抱え込んでしまう傾向があります。また、抱え込んだままでいると、問題がさらに大きくなってしまったり、自分自身が精神的に病んでしまったりするリスクが高まります。第三者が介入することで問題を解決できることは少なくないので、早めに相談することが問題解決の近道です。

新しい環境になじめない

うまくいかないのは自分のせいだと思いがち

環境変化で生じた違和感に耳を傾けてあげよう

適応障害*は、進学や就職、異動、移転など、**大きな環境変化に対して自分が適応できないときに生じる精神的なトラブル**です。症状はうつ病に似ていますが、会社や学校を休めば午後からは気持ちが楽になったり、活動したいという気持ちになったりすることもあります。別の部署に異動になり、新しい環境になかなかなじめないといった例がわかりやすいかもしれません。人間関係も仕事の進め方も今までとは違う。思ったように結果を出せない状況に焦りが募り、会社に行く足取りが重くなる…。

このように、**新しい環境になじめず、いつもとは違う心の状態になっている**と感じたら、早めに対処しましょ

WORD **適応障害**…精神疾患のひとつ。出来事や環境変化に対して対処できないストレスから心身の調子を崩し、いろいろな症状があらわれてしまい社会生活に支障をきたす。

適応障害の対処法

自分が環境になじめていない、今の環境がストレスになっていると感じたら、以下のような対策を試してみましょう。

環境調整

ストレス要因に触れる機会を減らしたり避けたりして、環境を調整する。例えば、仕事が原因の場合、長期休暇の取得や転勤、転職を検討する。また、対人関係が原因の場合は一時的に距離を置いたり、相手と話し合ったりといった方法が考えられる。

休養（休職・休学など）

ストレス要因から離れ、ゆっくり休む。適応障害は、ストレスによって引き起こされるため、離れることで回復が期待できる。休養中は好きなことをしたり、リラックスしたり、睡眠を十分にとったりするとよい。

精神療法

カウンセリングなどを通して自分の気持ちや考え方を整理してみる。精神療法には、思考を変える認知行動療法、人間関係に焦点をあてる対人関係療法など、症状によって最適なものが選ばれる。

がんばることに疲れたら、一度立ち止まって休んだり相談したりすることも大切です

う。放っておくと、深刻な精神疾患につながってしまいかねません。

もし、自分を取り巻く環境について、漠然とした不安を感じているのなら、まずストレスの原因をはっきりさせましょう。例えば、仕事が原因なら、**職場で信頼できる人に相談して、話を聞いてもらいましょう。**また、適応障害の改善には生活習慣の見直しも効果があります。休息の時間を確保し、適度な睡眠や運動、バランスのよい食事などで体と心を整えることも大切です。

豆知識　適応障害のサインに要注意

不安感や焦燥感、抑うつ的な気分、頭痛、肩こり、不眠などは適応障害のサインかもしれません。適応障害でない人も悪化すれば普段の生活に支障をきたす場合があります。早めに相談することを心掛けましょう。

09
自分を知る

嫌なことは後回しに

不安から逃れたくて、今やる必要がないことをする

逃避をすることで一時的な心の平穏を得る

定期テスト前に、部屋の大掃除や写真の整理をはじめたりして、後悔と不安でいっぱいの心を抱えて翌朝、登校…。そんな思い出がある人も多いのでは。やらなければならないことがあるときに限って、**今やらなくてもいいことをして時間を浪費してしまうのが、逃避***の典型的な例です。

臨床心理学において、「逃避」とは**ストレスを生じさせる困難な状況や出来事から離れること**を指します。**「現実逃避」「空想逃避」「病気への逃避」の3つのパターン**があり、目的は、自分の心が傷つかないようにすること。「防衛機制」の一種で、ストレスを一時的に和《やわ》らげることができます。しかし一時しのぎにすぎず、

WORD **逃避**…心のメカニズムのひとつ。自分を不安にさせるストレスの対象から心理的かつ物理的に遠ざかることで、心の安定を保とうする行為や心のはたらき。

逃避の3パターン

やらなければならないとわかっていても、ついつい楽なほうに流れてしまう…。
逃避行動は、以下のような３つのパターンに大別されます。

病気への逃避

病気を理由に、負担から逃れようとする行動。

体調が悪いんだから、
仕事が終わらなくても
仕方ないよね…

空想逃避

空想にふけることで、心理的な苦痛から逃れようとする行動。

あの企業に転職したら、
自分もみんなから
一目置かれるだろうな

現実逃避

まったく関係のない別の行動に取りかかり、気をまぎらわそうとする行動。

この仕事めんどくさい…
そういえばほかに
頼まれてることあったな…

状況が悪化してかえってストレスが強まる可能性もあります。

　まずは、逃避をしている自分に気づきましょう。逃避は、**自分が大きなストレスを抱えようとしているサイン**でもあります。しっかりと現実をキャッチして、精神的トラブルが発生する前にケアをしましょう。

　効果的なのはストレスコーピング（▼P34）です。自分の心を整えながら、自分を不安にさせる原因にも向き合うことで、心の重荷を軽くすることができます。

豆知識　防衛機制の効果は短期的…

防衛機制は一時的には楽になりますが、頼ってばかりいると成長や努力の機会を逃してしまうことにもなりかねません。長期的に見ると、さらにストレスが生じやすくなってしまい、悪循環に陥《おちい》ることもあります。

10
自分を知る

自分を守る言い訳をしがち

やる前に「できない言い訳」をつくりだす

自尊心を守るために あえて逆の行動をとる

十分に準備したうえで失敗したとなると、まわりから実力がなかったと思われてしまう…。準備さえちゃんとできれば、自分は合格できたはずと思われたいがために、資格試験の前日、わざと遊びに出かけて、準備時間を減らすことをする。そんな行動をとってしまう人がいます。

自覚的に自分自身を不利な状況に追い込む行動をとる**セルフ・ハンディキャッピング**といいますが、これは、他人や自分自身の評価から**自分のプライドを守るための自己防衛の一種**です。試験の前日、意識的に別のことをして準備時間を減らせば、結果が悪くても「実力不足」という評価は避けられ、プライドを守るこ

WORD **セルフ・ハンディキャッピング**…遊ぶなど、自分の行動によって自らのパフォーマンスを下げる「行動型」と、「準備の時間が足りなかった」などの言葉で主張する「言語型」の2タイプがある。

・セルフ・ハンディキャッピングの改善方法・

セルフ・ハンディキャッピングは、逃避（▶P40）に近いので、自ら成長の機会を奪ってしまうことにも。できれば改善を目指しましょう。

失敗を恐れない

成功の影にはいくつもの失敗があることを理解する。「失敗したって、死ぬわけじゃないし」といった具合に開き直ることで、挫折を味わいにくくする。

自分の言動を振り返る

自分がどんな状況で、どのような言葉を使って自分のプライドを守ろうとしているのか、過去の言動を振り返り客観的に見る。

できることからやってみよう！
失敗したって大丈夫！

周囲に「やる」宣言をする

できない言い訳ではなく、先に周囲に向けてやる気を発信してしまう手法。「ダイエットするから、お菓子を食べそうだったら止めて！」など、周囲に協力を仰ぐのも手。

成功体験を増やす

成功体験を増やすことで、失敗に対する恐怖心を克服できる。小さなことや、できることからはじめて、「うまくいった」という手応えを積み重ねていくことが大切。

とができます。しかし、セルフ・ハンディキャッピングをくり返してばかりいると、まわりに「言い訳が多い」という印象を抱かれてしまうことも。また、プライドを守ることはできても、いつまでも結果が出せないなど、よい結果につながらないことにもなってしまいかねません。

あらかじめ言い訳をつくるような思考や行動は改めて、**今の自分を好きになる努力**からはじめてみませんか。十分に準備したのなら、結果が悪くても力はついているはずです。

豆知識　クセになる前に改善を

セルフ・ハンディキャッピングがクセになると、だんだんと目標に向かう努力をしなくなり、チャレンジの意欲も下がっていきます。その結果、自分自身を好きになることができなくなってしまうかも…。

自分を変えるのは「小さな積み重ね」

掲げている理想に近づくために「自分を変えなきゃ」と思っていても、実はそれはとても難しいことです。そんなときは「習慣化」を意識してみましょう。

「習慣化」で確実に進んでいく

「今までの自分を変える！」と意気込んでも、結局今まで通り…。このような挫折《ざせつ》を味わったことがある人は「習慣化」が効果的です。なにかに取り組むときに「やる気」を燃料にしてしまうと、その時々の状態に左右されてしまいます。しかし「習慣」として継続的に取り組めば、目的へ確実に前進していきます。

やる気タイプ

やる気は一過性のもので、常に変動する。やる気があるときは大きく前進するが、反対にまったく進まず止まってしまうこともある。

習慣化タイプ

習慣は継続的なもので、変化に左右されない。1回の前進は小さくても、それが続くため結果的に大きく前進する。

習慣化で意識すべき3つのポイント

POINT 1 絶対に失敗しないゴールを設定する

習慣化しようと思っている行動は「失敗することのほうが難しい」くらいにハードルを低くしたものにしましょう。勉強を習慣化したい人は「参考書を開く」、運動を習慣にしたい人は「シューズを履く」などです。

POINT 2 「今の自分が続いていく」と考える

習慣化していくときには、「今の自分」が「明日からの自分」をつくっていくということを意識しましょう。今、自分ががんばることができれば、それが実績となり、それが連鎖的に続いていくようになります。

POINT 3 「なにがあってもやる」を徹底する

なにかを習慣化するときは、どんな状況になってもやり続けるということを決意しましょう。習慣をやめていい「前例」を一度つくってしまうと、だんだんと基準があいまいになり、挫《ざ》折《せつ》するきっかけになります。

習慣は「見える形」にしてより強固に

習慣に取り組むときは、下表のように「記録」をつけるようにしましょう。「習慣に取り組むことができたか」を1週間かけて記録することで、進捗を目で見ることができます。「見える形」にすると、達成感を味わうことができるため、より習慣に取り組みやすくなります。加えて、「抜け（未達成）」が発生させないようサボりづらくなる効果もあります。

	月	火	水	木	金	土	日
1分読書をする	○	○	○	○	○	○	○
シューズをはく	○	○		○	○	○	○
ペンを持つ		○	○	○	○	○	

左の欄には「取り組む習慣」を書く

1週間にわたり記録できるようにする

習慣に取り組めた日に「○」を書く

習慣は一気にたくさんはじめるのではなく、ひとつずつ増やしていく

挫《くじ》けそうなときはこう考えよう

習慣化は「毎日」「少しずつ」の前進のため、効果をすぐには感じにくく、やめたくなることも。迷いが心に生じたときの考え方を解説します。

この習慣って意味あるのだろうか？
⬇
やり方を変えてみよう

習慣に取り組んでいると「これは時間の無駄なのではないか？」などと、やめる理由を探しはじめてしまうことも。そんなときは「習慣の内容」を変えてみましょう。継続できる工夫を考えることで、中途半端にならずに済みます。

～だから、できないんです！
⬇
そう思っている間にはじめよう

習慣に取り組まない理由をつくろうと思えば、それは無限に存在します。ただ、それらは「後付け」のものであり、その前に「やりたくない」という感情があります。「やりたくない理由」が頭に浮かんでいる間に取りかかりましょう。

また挫折《ざせつ》してしまった…
⬇
過去は過去。今の自分とは関係ない

どれだけがんばっていても、ときには自分に負けてしまうこともあります。だからといって自己嫌悪に陥《おちい》る必要はありません。未来の自分は今この瞬間からつくりだせるのです。過去の自分にとらわれることなく、また前進していきましょう。

11
自分を知る

SNSが手放せない

いつも「つながって」いないと不安で仕方ない

現実よりもSNSを優先させてしまう

「忙しい」「時間がない」が口グセの人に限って、ゴロゴロしながら携帯を見る時間はあるもの。ソーシャルゲームを何時間もやっていたり、SNSばかり気にして、「いいね」が少ないと不安でたまらなくなったり。そしてそれがストレスになる…などの悪循環に陥《おちい》ることも。そんなときは**親和欲求***が強くなりすぎているのかもしれません。親和欲求とは、簡単にいうと「誰かと一緒にいたい」という欲求です。これは、**他人と良好な関係を築きたいという、社会的な性質をもつ人間の本能的な欲求**であるとも考えられています。

この親和欲求を、バーチャルな世界とつながるSNSやオンラインゲ

WORD **親和欲求**…人間がもつ社会的な欲求のひとつ。社会生活を営むうえで必要となる。だが、度がすぎると、行動や言動を、自分の気持ちより他人に合わせるようになり、ストレスの原因となる。

あてはまることがあれば「SNS依存」かも

インターネットの普及により、さまざまなことが便利になった一方で無意識のうちにネット依存（SNS依存）になっているかもしれません。

①SNSのことが頭から離れない

フォロワーの投稿や「いいね！」の数が気になって仕方なかったり、LINEでアイコンがついたらすぐにチェックしてしまったりなど、SNSから目を離せない。

②さみしさを埋めたくてSNSを使う

さみしいとき、SNSに頼ってしまう。リア友や家族には相談せず、ネット友達とつながったり、全世界に向けて投稿したりしてしまう。

③記事を上げ続けないと不安

SNSに記事をアップしないと不安で仕方がない。出かけていても、食事をしていても、目の前の出来事もなにもかも、SNSに投稿したい衝動が増している。

④SNSのない世界は耐えられない

日々使っているLINE、X、Instagramなどのsns や、ゲームを介してコミュニケーションが図れるソーシャルゲームなどがない世界がまったく想像できない。

⑤SNSの利用が仕事や勉強に悪影響を及ぼしていると思う

やらなければならない勉強や仕事からの逃避（▶P40）としてSNSを利用したりゲームをしてしまったりなど、SNSに時間を盗まれた経験がある。

⑥SNSの使用を減らそうとしてうまくいったことがない

SNSの回数と時間を減らそうと試みたが、気がつくとスマホを操作している。

ームに求めてしまうと、現実世界がおろそかになってしまいかねません。身近な友人や家族、大切なはずの恋人を蔑《ないがし》ろにして、現実の人間関係が崩壊してしまうこともあります。

親和欲求が強くなっているときは、SNSの利用時間を決めるなど、**物理的に距離を置く**ようにしましょう。また、他人に合わせすぎている自分を意識して、自分が本当にやりたいことを改めて考えてみたり、現実世界の中にしっかりと足を着けたりする意識が大切です。

豆知識 ストレスが親和欲求を強める

ストレスが親和欲求を強める場合があります。ストレスを和《やわ》らげるために誰かそばにいてほしいと思うようになるので、親和欲求を抑えにくくなります。どこかで断ち切る勇気が必要です。

ゲーム依存から抜け出すには？

SNSやオンラインゲームに対する依存は、日常生活にも悪影響を及ぼします。ゲーム依存については、世界保健機関（WHO）からも指針が示されています。

ゲーム依存症の定義

以下の①～④のような症状が12か月以上続く場合は、ゲーム依存症（ゲーム障害）と診断される可能性があります。なお、症状が重い場合は12か月未満でも依存症と診断されることもあります。

1. ゲームをする時間や頻度などがコントロールできない
2. 日常生活やほかの関心事よりゲームを優先してしまう
3. ゲームによって人間関係や健康などに問題が起きていてもゲームを続ける
4. 学業や仕事、家事などの日常生活に著しい障害がある

ゲーム依存になっていないかチェックしてみよう

次のような事例で自分にあてはまることが多ければ多いほど、ゲーム依存の傾向があるかもしれません。

- □ ゲームする時間がかなり長くなった
- □ 夜中までゲームを続ける
- □ 朝、起きられない
- □ ゲームのことをたえず気にしている
- □ ほかのことに興味を示さない
- □ ゲームのことを注意すると激しく怒る
- □ 使用時間や内容などについてウソをつく
- □ ゲームへの課金が多い

ゲーム依存から抜け出すためのプロセス

重度の依存または依存症になると、自分の意思や努力だけでは抜け出すことが困難になります。そのような場合は、専門家や周囲の助けが必要です。

依存症の場合

① 医師や互助組織に相談する

依存症の場合は、家族の協力だけでは改善が困難なため、専門家や専門機関に助けを求めましょう。

② 肉体を回復させる

食事や睡眠を改善し、規則正しい生活リズムを取り戻しましょう。まず体を健康な状態に回復させます。

③ 脳を回復させる

妄想やこだわりなどをなくし、理性的な判断ができるようにします。

④ 心を回復させる

ゲームによる快楽や爽快感などではなく、仕事や実生活での充実感を得られるようにして心を回復させましょう。

⑤ 人間関係を回復させる

依存症によって疎遠になってしまった人間関係の改善に取り組みましょう。

依存の場合

① 生活を改善する

ゲーム依存の兆候が見える場合は、ほかの趣味に目を向けたり、交友関係を広げたりしましょう。

② 周囲に協力を頼む

周囲の人（家族や友人など）に協力を頼み、ゲームから離れる時間を強制的につくりましょう。

SNS依存も生活改善が欠かせない

近年、SNS 依存も大きな社会問題になってきています。SNS 依存を改善するには、ゲーム依存と同様、生活リズムを取り戻し、きちんと食事や睡眠をとることが大切です。SNS 依存に陥《おちい》っている人は、SNS を見ている時間がどうしても長くなるため、スマホを見ない時間を決めるなどして、強制的に SNS から離れる時間をつくりましょう。

12
自分を知る

ささいなことにもイライラ

ストレスで押しつぶされそうな自分を守りたい

「危機」のストレスから自分を必死に守る反応

いつもだったら気にならないことがやけに気に障る。どうしようもないことだとわかっていても、我慢できない。気持ちがいつもイライラしていて、ささいなことにも怒りだしたくなる。これは、**ストレス反応***が強く出ている状態かもしれません。

人体は危機的な状況になると、心拍数を上げて体をこわばらせるなどして、自分を守るための態勢をとります。心も同じで、**自分の心を守るために攻撃的な精神状態になったり、逆にそこから逃げ出す逃避的な精神状態になったり**します。このような体と心の反応をストレス反応と呼びます。**イライラして、すぐに怒り出したくなるのは、自分を守ろうとす**

WORD **ストレス反応**…不快な刺激（ストレッサー）によって生じる反応。イライラや不安などの心理的な反応、肩こりや胃痛、便秘、下痢などの身体的な反応、喫煙や飲酒量の増加などの行動面での反応がある。

・ストレス反応の3つのプロセス・

ストレスを与えられたとき、人は対抗しようと反応します。
具体的に分類すると、３つの変化に分かれるとされています。

①警告反応期

ストレスに対して身体が反応しはじめる。活動は一時的に低下するが、ストレッサーに対して「どう対応するか」を判断し態勢を整えたあとで、活動が活発化していき次のプロセスへ移行する。

②抵抗期

ストレッサーに抵抗しながら身体の機能を維持している状態。心身の活動が活発になるため、休息とのバランスを崩しやすくなる。

③疲弊

ストレスへの抵抗力が限界となり、ここでストレス反応があらわれる。

1936年、カナダの生理学者ハンス・セリエは、マウスに「寒さ」「過度な運動」「痛み」などの身体的な刺激を与え続け、その生体反応を研究し「ストレス反応」として発表した。人の場合も同様に、気温の変化などの身体的刺激や、人間関係・忙しさなどの精神的刺激が「ストレッサー」となり、それらの刺激に対する心身の反応が、「ストレス性の症状」としてあらわれる。

る**行動**なのです。

例えば、攻撃的な言葉が多くなっていたり、仕事で小さなミスが続いていたりするなら、ストレス状態に陥《おちい》っているサイン。そのような場合は、根本的な解決にはならないとしても、**ストレスの原因から離れる時間を意識的につくり、まったく関係のないことをやる**のもひとつの手。体を動かしたり、カラオケで歌ったり、買い物をしたりするだけでも、気分がリセットでき、ストレスを軽減する効果が期待できます。

豆知識　自分のストレス反応を知る

自分のストレス反応の特徴を知りましょう。例えば、微熱が出る、下痢になる、飲酒量が増える、眠れなくなる、攻撃的な言葉が多くなる…。ストレスのサインを自ら認識できれば、早めの対処が可能になります。

13
自分を知る

悪いのは自分じゃない

出来事の原因をつい他人のせいにしてしまう

成功要因も失敗原因も自分にはないと考える

仕事でトラブルが発生したときなど、うまくいかないことが起こった際に、「自分は悪くない」「相手が悪い」といった思考パターンになる人は、「**外的統制型**」でものごとを考えるタイプかもしれません。外的統制型とは思考タイプのひとつで、**成功や失敗などの原因や責任が自分自身にはなく、他人や環境など外部にある**と考えます。対して、「**内的統制型**」というタイプもあり、こちらはものごとの原因や責任を自分自身に求めます。

ただし、外的統制型は決して他罰的というわけでなく、成功したときには「同僚がフォローしてくれたから」と考えます。よくも悪くも自己*

WORD **自己効力感**…目標に対して、それを達成するために必要な能力を自分自身がもっていると思える感覚。

外的統制型と内的統制型

**外的統制型と内的統制型で、問題に対する反応は変わってきます。
それぞれの特徴を知り、どちらかに偏ることのないように意識しましょう。**

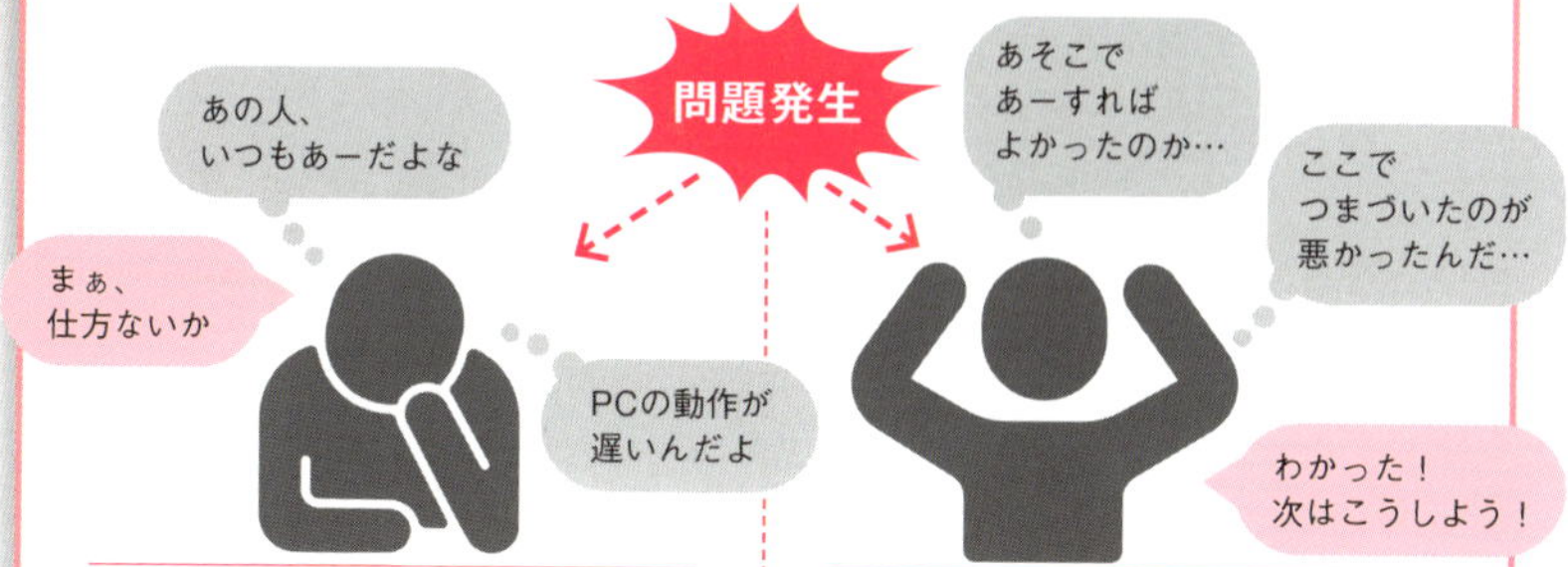

外的統制型

メリット
精神的に自分を追い詰めずに済む。

デメリット
自分の問題が改善されにくい。

内的統制型

メリット
自分を省《かえり》みるので問題が改善されやすい。

デメリット
自分を精神的に追い詰めやすい。

外的統制型は、心の平安は保てるもののなにも改善されない。内的統制型はそのときは大変だとしても、事態は改善され、次は成功する確率が高くなる。

効力感が少ないので、**思い詰めることも少なくてストレスを抱えにくく、その一方で達成感も失望感も強く感じることもありません。**ただ、強い印象がないということは忘れっぽいということで、同じミスや失敗をくり返しやすい傾向にあります。

この思考タイプにあてはまると思う人は、失敗などをしたときに**「原因は自分になかったか?」**と、**いったん立ち止まるクセをつけ**、その原因が本当に他人にあるのか、意識的に見直すようにしましょう。

豆知識
「言い訳」もときに必要?
なにかミスを犯したとき、言い訳を述べたほうが、述べなかった人よりも他人からの評価が比較的高いという結果が出ています。ミスを犯した際は反省しつつも、少しは言い訳を述べたほうがいいでしょう。

14
自分を知る

平日と週末の差が大きい

平日は調子が悪く、週末になると調子がよくなる

「自分で決めている」感が週末になるとグンと高まる

平日は、身体的にも精神的にも調子が悪いことが多いのに、休日になると不思議とエネルギーが体と心にみなぎってくる。でも、仕事が再びはじまると体も心も調子が悪くなっていく。そんなサイクルをくり返している人は、**「自律性」を維持できていない可能性**があります。

自律性とは、**自分で自分のことを決められるという自己裁量の感覚**をいいます。この自律性が保たれると、外的な圧力をはね返しやすい状態になり、心身のストレスが生じにくくなります。仕事はマイペースで進めることはなかなかできないため、多くの人は、仕事や学校がある平日は自律性が抑圧されがちですが、休み

自律性とウィークエンド効果の関係

ブリティッシュ・コロンビア大学のジョン・ヘリウェルによると、
社長や重役と比べ、一般社員のほうが、
ウィークエンド効果は2倍も高かったという結果を発表しています。

社長や重役

平日・休日

会社での行動を、自分の裁量で決められる。そのため、休日に比べて平日に自律性が抑圧されたり、損なわれたりすることが少ない。

↓

ウィークエンド効果はあまり見られない

自分で
決める！

一般社員

平日

会社では、自分の行動を、自分で決める権限が小さい。そのため自律性が抑圧されがち。

なんだか
しんどい…

休日

自分の行動を自分で決められるため、自律性が上がる（回復する）。

↓

ウィークエンド効果が高い

休みだ！
自由だ！

になる週末は自律性が上がり、うれしい気分になります。この現象を「ウィークエンド効果」*と呼ぶこともあります。

ただし、休日に比べて自律性があまりに下がってしまえば、仕事のパフォーマンスにも影響します。ある程度の自律性を維持できるように、平日でも**自分の時間を充実させるなどして、ウィークエンド効果のギャップを小さくしましょう。**そうすることによって、心の負担や疲弊の度合いも小さくなっていくはずです。

豆知識

「憂うつな月曜日」は本当？

日曜日夕方から月曜日にかけて「会社に行きたくない」と落ち込むことを「ブルーマンデー症候群」と呼びます。しかし、ブルーマンデー症候群を信じている人だけが、気分が落ち込むという調査結果もあります。

WORD **ウィークエンド効果**…休日が近づいてきて気分が高まることなどから、週末に向けて仕事や活動の効率が上がる現象を指す。

仕事が頭から離れない

仕事をしないことが不安につながる

私生活を犠牲にしても仕事を完遂したい

「ワーカホリック」*とは、**仕事に依存している状態**のこと。度がすぎると、家族や恋人などとのプライベートな人間関係を損なってしまう可能性があります。また、それだけ入れ込んでいる仕事で失敗するとショックが大きく、メンタルを病み、ときに**燃え尽き症候群**と呼ばれる状態に陥《おちい》ってしまうこともあります。

抱える仕事が多く、何時間も残業する。責任感から、帰宅してからも仕事を続ける。休日も気になるので、むしろ仕事をしたほうが、気が楽。そんな状態になっているなら、ワーカホリックになりかけているかもしれません。プライベートの時間をきちんと確保できていますか。周囲の

WORD **ワーカホリック**…work（仕事）とalcoholic（アルコール依存症）を組み合わせた造語。いわゆる「仕事中毒」で、私的な時間や健康、家族よりも仕事を優先している状態。

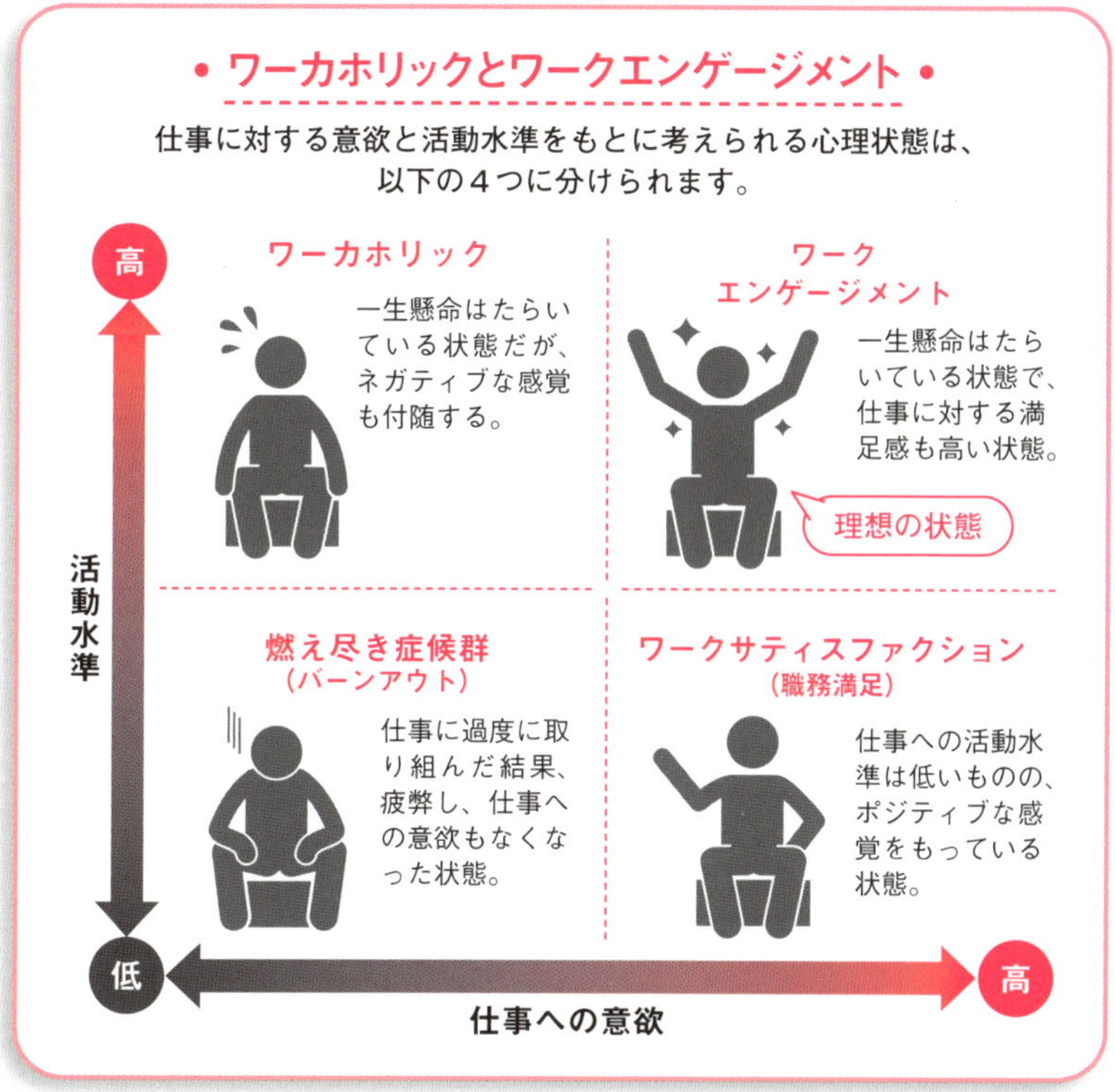
ワーカホリックとワークエンゲージメント
仕事に対する意欲と活動水準をもとに考えられる心理状態は、以下の４つに分けられます。
ワーカホリック
一生懸命はたらいている状態だが、ネガティブな感覚も付随する。
ワーク
エンゲージメント
一生懸命はたらいている状態で、仕事に対する満足感も高い状態。
理想の状態
燃え尽き症候群
（バーンアウト）
仕事に過度に取り組んだ結果、疲弊し、仕事への意欲もなくなった状態。
ワークサティスファクション
（職務満足）
仕事への活動水準は低いものの、ポジティブな感覚をもっている状態。
高
活動水準
低
高
仕事への意欲

人への配慮がなくなっていませんか。また、必要以上に完璧にやろうとしたり、他人からの評価を過度に求めていたりしていませんか。

これらに思いあたることがあれば、**仕事に向かう姿勢を改めましょう。**まずは、仕事とプライベートをきちんと分けることが大切です。仕事は持ち帰らず、趣味の時間や家族との団らんなどを楽しむようにしましょう。また、**今ここにいる自分に向き合うマインドフルネス**（▼P242）も効果的です。

豆知識

ワークエンゲージメント

ワーカホリックに似た概念に「ワークエンゲージメント」があります。仕事に受動的なワーカホリックに対して、こちらは能動的であり、自己肯定感が強いのが特徴。仕事に前向きで充実した心理状態だといえます。

16
自分を知る

ついつい買いすぎてしまう

モノそのものより、買うときの興奮を求める

買うことで一時的に嫌なことを忘れられる

店員から商品を勧められるとつい買ってしまう。家に帰るとその品物への興味が薄らぎ、一度も使わない。部屋にそんな商品がいくつもある…。それは、もしかしたら**買い物依存症**の数歩手前の状態かもしれません。

買い物依存症は**依存症のひとつで、衝動的に買い物をしたい欲求が起こり、抑えられなくなります。**買い物をすることで一時的に気分が上がるので、そのときだけはストレスの原因になっている嫌なことを忘れることができます。無意識下でこの興奮を求めるようになると、買うことそのものが目的になっていきます。買い物の快感がクセになって抑えられなくなると、**買い物の額や頻度も膨**

• 買い物依存症がひどくなると… •

買い物がやめられなくなると、次第に買う商品もどんどん高額になります。
高額の商品を買っているという高揚感がクセになってしまうのです。

なんでこれ
買ったんだっけ…
借金が
返せない…

我に返ると興味を失う

買うときはあんなに興奮したのに、自分のものになるとすーっと冷めてしまう。着ない洋服やつけないアクセサリーばかりになり、未開封のまま、包装されたままの品物が積み上がっていくことも。

人間関係が壊れる

お金の使いすぎを注意する身近な人との人間関係が壊れてしまう。本来は貴重な存在だが、そのような理性ははたらかず、「自分に快感を与えてくれる買い物を邪魔する敵」と認知してしまう。

借金が膨れ上がる

カードの支払いに困り、知人や消費者金融などでお金を借りるようになっていく。知人との関係は崩れ、消費者金融への返済は雪だるま式に膨れ上がり、自己破産する人もいる。

買い物依存症の対策は？

クレジットカードを破棄する、買い物以外でストレスを発散するなどの対策がありますが、それでも買い物がやめられない場合は、精神科や心療内科などの専門医に相談しましょう。

らむ。その結果、多額の借金を重ねるようになれば大変です。

　そこまでいかないうちに**「買い物がしたい」という衝動を減らす工夫**をしましょう。まず、どんなときに買い物の衝動が生じるのかを、振り返ってみます。例えば、「ショッピングモールを通ったとき」など傾向があるなら、そこを避けましょう。また、衝動が起きそうになったらカフェで休憩するなど、**関係ない行動をして意識を別のところに向ける**「if-then*ルール」も効果的です。

豆知識

誰にでも起こりうる依存症

　買い物依存症は、買い物自体が目的になり、衝動的に買い物の欲求が抑えられない状態。抑うつ状態の人が気分を上げるために買い物をするケースもあります。男女を問わず起こりうる依存症で、注意が必要です。

WORD **if-thenルール**…行動変容をうながす心理的な技法のひとつ。「もしAが起きたらBをする」と決めておくことで行動計画が明確になり、意思決定の負担も少なくなるので、求める行動が実行しやすくなる。

17
自分を知る

ブランド物につい手が伸びる

服やバッグそのものではなく、イメージがほしい

身につけたいのはブランドがもつ「威力」

身体像境界*とは、自分の体の表面に対するイメージのこと。この「体の表面」には、身にまとった服なども含まれます。自分の体と外界の境《さかい》目《め》というとわかりやすいかもしれません。この身体像境界が明確なほど、自分と他人の区別も明確になると考えられていますが、**自分に自信がない人は身体像境界があいまいになりやすく**、不安を覚えます。そこで、**他人との区別を明確にするために、派手な服装を好む**のです。

つまり、ブランドで身を固めるのは、実は自分に自信がないことのあらわれであり、みんなが価値を認める**ブランド品を身につけることで身体像境界をはっきりさせ、不安を解**

WORD **身体像境界**…自分の体についてもっているイメージと、外部との境界のこと。基本的に皮膚のことを指すが、衣服やアクセサリーにも同様の意味がある。

• 自分を守る身体像境界 •

私たちは身体像境界によって自分と外部を区別していますが、
これがあいまいな人は、服装によって自分を守ろうとする傾向があります。

身体像境界があいまい

- 自分と外部が区別しにくく、自信がもてない。
- 自信がもてないため、他人と接することに不安を感じる。

身体像境界がはっきりしている

- 「自分は自分」という価値観がある。
- 自分に自信がもてているため、余裕をもってふるまえる。

好むファッションからわかる心理

流行を追う
- 協調性が強い
- 流されやすい一面もある
- 他人の目を気にしがち

室内でも帽子をかぶっている
- 自意識が強く自分をよく見せたい
- 個性を大切にする

アクセサリーを常につけている
- 自分に自信がない
- 見栄を張りたがる

髪型をコロコロ変える
- 自分にイラ立っている
- 変わりたい願望が強い
- 注目を浴びたい

消している状態ともいえます。

しかし、ブランド品に頼らなくても身体像境界をはっきりさせる方法はあります。例えば、過去の成功体験を振り返るなどして自分のよいところを探してみましょう。また、自分に対してポジティブな言葉をかけたり、新たなスキル獲得に挑戦したりして自信回復を図ってみましょう。

自分に**自信がつけば、ブランド品で身を固めなくても、身体像境界がはっきりし、他人に対しても余裕をもってふるまえる**ようになります。

豆知識 「勝負服」は本当にある

いつも自信があるという人はあまりいません。プレゼンや商談などで不安になりそうなときは、いわゆる勝負服を着てみてください。あいまいになりそうな身体像境界が明確になり、自信回復の効果を期待できるのです。

18
自分を知る

すべて「推し」に捧げてしまう

その存在なしに生きることはできない

そのキーホルダーかわいいね！
推しのライブで買ったの～
数日後
なんか、推しのグッズ増えてない？
そうなの！ほんと物販多くて幸せ～
ハンカチも色ちがいで買っちゃった♪
わわわ！海外公演決まったんだ！お金がやばい～
でも行かなきゃ！
ほどほどにね…

危機的な状況に陥《おちい》ってもやめることができない

依存とは、特定の物質や行動、人に対する衝動や欲求をコントロールすることができず、健康面や生活態度が危機的な状況に陥《おちい》ってしまっている状態を指します。その対象は人によってさまざまで、**「物質（嗜《し》好《こう》品《ひん》）」への依存**はタバコや酒など、**「行動（プロセス）」への依存**（▼P70）はギャンブルや買い物など、**「人」への依存**は恋人や母親などが代表的なパターン。共通するのは、**より強い刺激を求めてくり返してしまいだんだんエスカレートしてしまう**ことです。

近年、ブームとなっている「推し活*」も、健康を損なったり生活が崩れたりするほどエスカレートしてい

WORD 推し活…特定のアイドルやタレント、スポーツ選手、キャラクターなどを応援する活動全般を指す。イベント参加、グッズ購入、ファン同士の交流など、「推し活」を楽しむ消費者が増えている。

○○のために
お金借りなきゃ！

・それ、依存になってない？・

日々のストレスを溜め込んでいると、発散するために快楽を求めがち。その欲求が過度になると依存に陥《おちい》ってしまうことがあります。

依存の種類

「物質」への依存
タバコや酒など、ドーパミンが分泌されるものに対する依存。現実に対する苦痛を忘れることができるため、依存しやすい。

「行動」への依存
ギャンブルや買い物などといった行動から得られる刺激に対する依存。身体症状はあらわれにくいが、日々の生活へ影響を与えることが多い。

「人」への依存
特定の相手を頼ったり、病的に密着したり、支配と服従の関係をつくったりする状態。近年ブームになっている「推し活」でも、対人トラブルや借金、心身の不調など、日常生活に支障をきたすケースが増加している。

依存の特徴

① コントロールができない
自分の行動をコントロールすることができない。

② 何よりも優先しがち
ほかにも本来優先すべきものがあるにもかかわらず、依存先を優先してしまう。

③ 継続してしまう
周囲の人に悪影響を及ぼしてしまっているにもかかわらず、その行動を続けてしまう。

④ 日常生活に悪影響を及ぼす
日常生活におけるさまざまな場面で、その行動をおこなうことによる問題が起きている。

⑤ 長期間にわたり続く
ほかの４つを満たす状態が１年以上続いている（１年未満であっても問題が深刻であれば依存の可能性がある）。

るのなら、それは依存の状態です。推し活に費やすプライベートの時間や金額が増え続けていないでしょうか。周囲の人に心配されても、**「『推し』こそ私のすべて」**と思っているのであれば、明らかに依存状態、あるいはその一歩手前の状態です。

依存の状態から抜ける効果的な方法のひとつは、**依存先とは無関係なことに費やす時間を増やす**ことです。スポーツをはじめたり、友達と旅行に行ったりするなどして、バランスよく楽しむようにしましょう。

豆知識　依存と意志の強さは無関係

依存の状態になるのは、脳内で特定の刺激による報酬を求める神経回路ができ上がり、脳がその報酬をより強く求めるようになるから。そのため、意志の強さなどには関係なく、誰でもなり得ます。

19
自分を知る

占いに振り回される

結果に一喜一憂し、行動にも影響する

誰にもあてはまることを自分にだけだと確信する

占いや血液型性格診断の結果は、冷静に受け止めれば、誰にでもあてはまるように、あえて一般的であいまいな言葉で伝えられていることが多くあります。それにもかかわらず、「まさに、自分のことをよくわかってくれている!」とドキッとしてしまう…このような心理的傾向を、**バ*ーナム効果**といいます。

例えば、「人生の岐路《きろ》に立っている」「周囲とよい関係を築いているが、どこかで孤独を感じている」などという言葉は、多くの人にあてはまります。占いや助言は楽しむ程度なら問題ありませんが、**「すがりたい」と思うのなら要注意**です。

あまりにも妄信的に振り回されて

WORD **バーナム効果**…誰にでも該当するような一般的な内容やあいまいな説明に対して、まるで自分のことだと思ったり、見事にいい当てられたと思ったりして、その言説を頭から信じてしまう心理現象。

日常に見られるバーナム効果

占いや性格診断などのほかに、日常生活やビジネスのさまざまなシーンで、バーナム効果のはたらきが見られます。

恋愛

誰でも褒められればうれしいもの。「あなたは細やかな気づかいができる人」「純粋な心をもっていますね」などと、誰にもあてはまるようなことであっても「たしかにそうだ」と感じて受け入れやすい。恋愛において相手を喜ばせたい、距離を縮めたいなどの場合に、無意識に活用しているケースも少なくない。

いつも笑顔が
素敵ですね

仕事でのコミュニケーション

部下などに接するときに「まわりと協調しながら仕事を進めようと心掛けているね」など、誰にでもあてはまる内容で声をかけると、「自分をよく見ていてくれる」「理解してくれている」と感じ、今後も積極的に行動しやすくなる。

最近、
よくがんばっているな

サービスの宣伝

商品やサービスを販売する際、提供する企業は受け手の誰にでもあてはまるような言葉を売り文句にする。例えば、「健康でいたいあなたへ贈る」などといった言葉を聞くと、不健康になりたい人はそういないため、自然と当事者意識を抱きやすくなり、商品に手を伸ばしやすくなる。

健康意識が
高い方にこそ
おすすめです！

しまうようなら、自分自身に対する**自己評価が低く**なっていたり、ストレスなどで**心の疲れがたまって**いたりするのかもしれません。とくに、悪い結果が頭から離れないようであれば、ストレスや不安がたまっている可能性が大。そんなときは、もともと自分はどうしたかったのかを振り返ったり、第三者に意見を求めたりして、冷静になる時間をつくりましょう。そのうえで、**本当にその占いや助言が自分にとって有益なのか**を考えてみましょう。

豆知識

確証バイアスとの合わせ技

自分の考えや印象に固執し、それを強化する情報ばかりを意識的に集める行為を「確証バイアス（▼P104）」といいます。占いのなかでも血液型診断などは確証バイアスのはたらきもあって、信じ込まれやすいのです。

「本番」に取り掛かれない

完璧にできないならやらないほうがマシ

大晦日
キュッ
よ～し！今日こそは掃除するぞ！
えーと…
どうせやるならピカピカにしないと…
あの掃除グッズが必要か…
あとはクエン酸や重曹も…
準備だけで疲れた…
これだと中途半端になるし…掃除は来年にしよ

「100点以外は0点」完璧主義者の思考回路

散らかった部屋を片づけようと思うけれど、どうせやるなら完璧にやりたいと考え、綿密な計画を立てる。しかし、時間も体力も気力も足りず、いつまでも取りかかれない。部屋はますます散らかっていく…。

そんな矛盾したような状態が続いているのなら、**完璧主義***の度合いが強すぎるのかもしれません。**「完璧にできないのなら、むしろやらない」という心理**がはたらいている可能性があります。現実的に考えれば、ざっくりと片づけるだけでも意味があるのですが、完璧主義者にとっては「100点以外は0点と同じ」なので、中途半端な結果が出るような行動は取りたくないもの。また、仕事や公

WORD **完璧主義**…ものごとに対して、完璧な状態を目指す考え方。過度に高い理想を追求する性格のこと。自分の期待通りにならないと、すべてがダメだったかのようにとらえてしまう。

• 完璧主義に陥《おちい》っているサイン •

完璧主義ではないと思っていても、実は完璧主義の考え方になってしまっていることも。思いあたることがないか確認してみましょう。

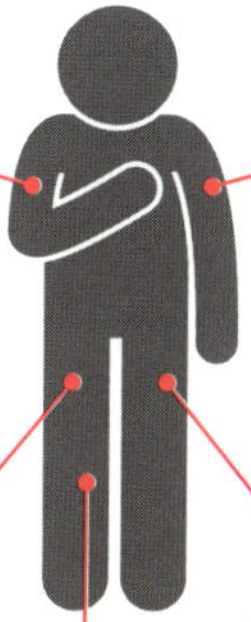

完璧主義のサイン①
イライラしやすい
「普通はこうだ」という確固たる自分のモノサシをもっているため、それに反する人やものごとが許せなくなってしまう。

完璧主義のサイン②
一人でがんばりがち
自分一人でやって褒められた経験から、一人でがんばることがいいことだと思い込み、他人に頼ることに抵抗を感じてしまう。

完璧主義のサイン③
行動をためらいがち
なにかに取り組もうとすると「ちゃんとやらなければ」という考えが浮かび、結局行動できなかったり、はじめるまでに時間がかかってしまったりする。

完璧主義のサイン④
嫌われるのが怖い
他人から低い評価をされたくない、嫌われたくないという気持ちを抱き、自分の意見や行動を制限してしまう。

完璧主義のサイン⑤
「絶対に」などが口癖
無意識のうちに変化を受け入れることができず、「絶対に」「いつも」「普通は」など、過度に一般化した表現をつい使ってしまう。

的な場で完璧主義を貫いていると、プライベートでなにかをする気力が残っていない可能性もあります。

完璧を求めすぎると、かえってなにもできなくなります。**結果にこだわるのをやめてみませんか。**なにも考えずに取り組んで、あえて途中でやめてみる。ある程度努力したら、意識して「まっ、いいか」と口に出し、結果は気にしない。そうやって、**「やらないより少しでもやったほうがいい」という意識を自分に植えつけてしまいましょう。**

豆知識　人間関係を壊すことも

完璧主義が過度になると、ささいなミスを許すことができなくなります。その思いが他人に向かうと、責め続けてしまうことに。完璧主義はほどほどにするか、こだわるのは自分だけにしたほうがよいでしょう。

「できたこと」に目を向けよう

責任感が強いのはいいことでもありますが、完璧を目指しすぎると、
そのぶん心理的な負担も大きくなります。
完璧主義で苦しさを感じる人は、少し見方を変えてみましょう。

仕事でも人生でも失敗はつきもの

仕事や人生において、失敗やミスがないに越したことはありません。しかし、実際に失敗をしないことは不可能です。「完璧」を目指すことが悪いわけではありませんが、「完璧主義者」になってしまうと、うまくいかないときに自分自身が苦しくなってしまいます。

完璧主義の長所と短所

完璧主義者の人は、目標や理想が高く、自分自身を追い詰めてしまうことあります。また、「がんばらない人が許せない」「失敗を過度に恐れる」「他人の評価が気になる」といった傾向もあります。完璧主義者の長所と短所は以下のようなものが挙げられます。

短所

- 「できていないこと」を気にしてしまう
- 中途半端なものが許せない
- 柔軟性に欠ける
- 完璧を目指す結果、時間がかかる

長所

- 責任感が強い
- 仕事の精度や質が高い
- 最後まで手を抜かない

完璧主義をやめてみる

完璧主義者を目指してものごとがうまく進んでいないと、自分や他人を責めてしまったり、マイナス思考から抜け出せなくなったりします。その結果、周囲にあたってしまい人間関係に悪影響を及ぼすことも。そのような兆候がある場合は、次のように考えてみましょう。

1 「すべき」「しなければならない」をやめる

「○○すべき」「○○しなければならない」という考え方は、思考を硬直化させ、自分自身にプレッシャーをかけることになります。この思考をやめることが、完璧主義を抜け出すための最初の一歩です。

2 減点主義より加点主義で考える

完璧主義の思考に陥《おちい》ると減点主義でものごとを考えてしまいます。減点主義の場合、基準が100点であるため、ミスをするたびに点数が減っていきます。しかし、加点主義で考えれば、仮に基準が50点であっても、できたことを積み上げていくことで100点に近づくことができます。

3 最終的に100点になっていればOK

仕事で毎回100点の成果を出せるわけではありません。立場や能力、経験が違えば、自分では100点だと思った仕事も、50点や60点ということもあります。最初から100点を目指すよりも、70点でも仕事を前に進め、必要な修正を施しながら100点を目指せばよいのです。

4 「できていないこと」はできるようになればいい

できていないことにばかり目を向けると精神的に苦しくなってしまいます。しかし、はじめて取り組むことや、レベルの高いことは、最初からうまくできる人のほうが少数です。「できないこと」はこれからできるようになればいいのです。

5 「できたこと」に目を向ける

「できていること」や「できたこと」に目を向け、自分自身を褒めるようにしましょう。「できていること」はあなたの努力の成果であり、誇ってもよいのです。だからこそ、「できていないこと」が「できたこと」に変わった際は、自分自身を積極的に褒めてあげましょう。

21
自分を知る

「ガチャ」がやめられない

特定のドキドキ感がたまらなく快感

興奮をもたらす プロセスを強く求める

「依存症」にはいくつかの種類があります（▶P62）。その中でも**プロセス依存*とは、特定の活動や行動（プロセス）に依存してしまうこと**をいいます。特定の行動を通して得られる興奮や快楽などの刺激をくり返し求め、プロセスそのものに固執するようになる状態を指します。ギャンブルや買い物（▶P60）、万引き、ゲームのガチャ、SNSなどのインターネットのほか、性的行為への依存などが知られています。

合法のギャンブルなどを、趣味や気晴らしとして楽しむ程度ならよいでしょうが、その興奮を強く求めて、いつもそのことばかりを考えてしまったり、仕事が手につかなくなった

WORD **プロセス依存**…依存症は大きく3つ（物質依存・プロセス依存・関係依存）に分類され、プロセス依存はそのひとつ（▶P62）。ある特定の行為によって得られる刺激を強く求め、行為そのものに執着する。

「やめられない」脳のしくみ

特定の行動に依存してしまうのは、脳が快感を得ているから。
脳が快感ほしさに依存してしまうしくみを見てみましょう。

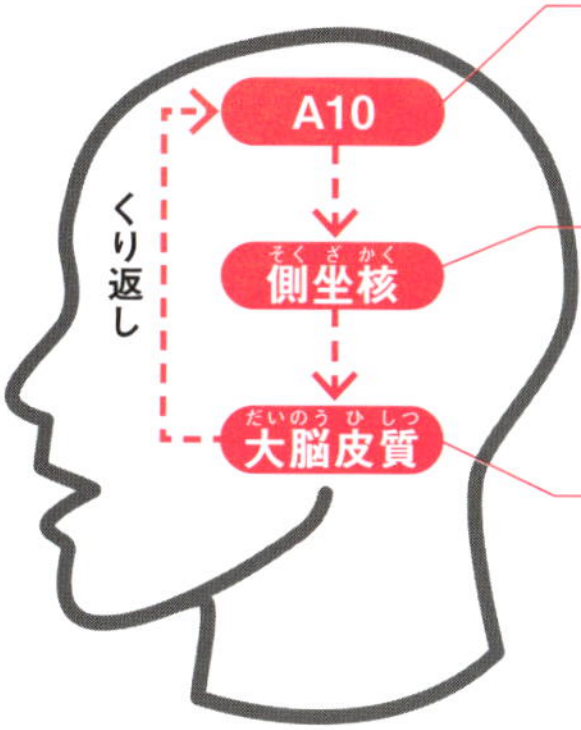

ドーパミンをつくる

A10と呼ばれる部位でドーパミンが産生される。

ドーパミンを放出

大脳辺縁系《だいのうへんえんけい》の側坐核《そくざかく》という部位でドーパミンが放出され、大脳皮質《だいのうひしつ》まで運ばれる。

快感を得る

この部位でドーパミンを受容することで快感を得る。容易に快感を得ることができるとそれに頼るようになり、依存へと発展する。

責任感が強い人ほど危険？

依存症は、他人にうまく頼ることができない人ほど、陥《おちい》ってしまいやすいといわれている。自分の中だけで問題を抱え込む人ほど、モノや行動でストレスを発散し、依存に発展していきやすい。

りするのは、度を越しています。ましてや、熱中するあまりに借金までするようになれば、現実的にも心理的にも危うい状態ですし、人間関係も崩れていきかねません。

そうなる前に、**刺激的な行動からは距離をおきましょう**。例えばゲームやスマホ（ガチャやSNS）への依存であれば、物理的に距離をとり、ゲームやスマホに頼らない運動や外出、旅行や勉強など、別のことに時間を使い、依存対象に意識が向かないようにしましょう。

豆知識 「たまにうまくいく」が罠

たまに興奮が得られる程度が、いちばん依存の対象になりやすいといわれています。興奮を得られる予測ができないので、「次こそ」と継続したくなるのです。「いつまでも当たらないかも」と思って、やめましょう。

22
自分を知る

なかなか決められない

あれこれ迷ってしまってなにもできない

慎重なのはいいが成長の機会を逃すことも

ものごとを進めようとしても、なにから手をつけていいかわからない。判断や決断が苦手で後回しにしてしまう。よくいわれる**優柔不断***な人の、典型的な思考・行動パターンです。

優柔不断とひと口にいっても**いくつかのタイプ**があります。可能性のある選択肢を**すべて検討しつくさないと決められないタイプ**。**リスクを恐れて決断できないタイプ**。**他人の意見を聞かないと決められないタイプ**。**決断を先送り**にして慎重にものごとを進めたいタイプなどです。

熟考して決断するのは悪いことではありませんが、経験の場が減り、成長の機会や自信を育むチャンスを失います。また、決定までに時間が

WORD **優柔不断**…ものごとの決断が鈍いこと、あるいはその様子。選択肢がたくさんあって決めかねてしまったり、決断そのものを避けたりする行動が見られる。

優柔不断を改善する4つの方法

悪いことばかりではないとはいえ、なにかと損をしてしまうことが多いので、改善できるに越したことはありません。以下の４つの方法を試してみましょう。

決められない
どうしよう…
自分の判断を信じて
まずやってみよう！

① 期限を切る

なにかを決断するときに、最初に制限時間を決めてしまう。例えば、昼食なら「30秒以内に決める！」と心の中で宣言し、実際にその時間内で決めることで、時間を効率よく使うよう意識する。

② “ほどほど”を覚える

100％正しい選択や、リスクがない決断はないということを認識し、ほどほどの判断や決断で行動するクセをつける。

③ 成功体験を積み重ねる

失敗を恐れるあまり優柔不断に陥《おちい》ってしまっている人は、小さなことからすぐに決断するケースを積み重ね、成功体験の数を増やす。

④ 自分のこと「だけ」を考える

他人の意見に流されたり人の判断を優先したりすることをせず、すべて自分で決断するクセをつける。また、「こうしたらあの人に迷惑がかかる」などの考え方もいったん棚上げして、自分軸で判断するように意識する。

かかるため、最良のタイミングを逃しやすくなるという側面もありますし、選択については、**悩むほど後悔しやすくなる**ともいわれています。

対策として、**決定までの時間を決めてしまう**のもよいでしょう。「5分で決断する」と決めたら、検討が十分でなくても、よりよい結果が出そうな選択肢を選んで実行してしまうのです。うまくいけば自信が強まって決断力が高まります。うまくいかなければ、別の選択肢を検討して実行すればいいのです。

豆知識 優柔不断にもメリットはある

優柔不断だということは、慎重に判断できるということ。簡単に飛びつかないため、リスク回避能力も高いといえます。また、他人の意見を切り捨てることもないので、人間関係も長続きする傾向にあります。

23
自分を知る

使ってないのに解約できない

やめると「安定」が失われる気がする

今月もまた
ジムに1回も
行かなかったな〜
CALENDAR
それ先月も
いってたよね
辞めちゃえば?
う〜ん…
でも来月は行くかも
しれないしな〜
今月はとりあえず
辞めないでおこうかな
うん
また〜?
もったいない…
ゴクッ
いいでしょ
別に…

慣れている現状を変えてしまうことが怖い

使っていないサブスクの課金をやめられない。食品や日常的に買うものが毎回だいたい同じ…。**「現状維持*バイアス」の傾向が強い人**のありがちな行動パターンです。

現状維持バイアスは、**今の慣れた安定状態を保とうとする心理的な傾向**のことで、たとえ状況の改善が見込まれる場合でも、新しい選択や変化を無意識に拒み、これまでのやり方にこだわろうとします。多くの人は、「もともと決まっている選択肢に従う」「損をしたくない意識がはたらく」「過去の経験にとらわれる」といった傾向があります。しかし、現状維持バイアスが強すぎると、状況を改善することを躊躇《ちゅうちょ》したり、新

WORD **バイアス**…心理学においては、無意識の偏りや先入観のことを指す。誰もがもっており、ものごとを判断するときなどに、知らずしらずのうちに、この影響を受けていると考えられる。

さまざまな認知バイアス

心理学者、行動経済学者のカーネマンらが定義づけした「認知バイアス」にはさまざまなものがあります。

ハロー効果

目立つある特徴により、その人の印象が決まること。ハローは「後光《ごこう》」の意味。学歴や肩書、身分などはハロー効果がはたらきやすい。

コンコルド効果

超音速旅客機として期待されるも大赤字に終わった「コンコルド計画」から命名。少しでも早くやめたほうがいいとわかっていながらも、かかった時間や労力、費用などを惜しみ、続けてしまうこと。

確証バイアス

無意識に、自分の考えを補強する情報ばかりを集めて信じ、思い込みを強固する現象。「A型は几帳面」など、血液型性格診断などはその典型例。

後知恵バイアス

ものごとが起きたり結果が出たりしてから、「最初からこうなることはわかっていた」などといったり感じたりすること。

フレーミング効果

言い方ひとつで印象が変わること。「試験まであと２週間ある」とするか「もう２週間を切った」とするかで、気持ちも行動も180度変わる。

アンカー効果

「いつもは1,000円のものが800円に！」では「いつもの1,000円」がアンカー（錨《いかり》）となり、そこが基準となる。通信販売などでよく使われる手法。

しい発想が出なくなったりして、成長する機会や人生を豊かにする経験を失うおそれがあります。

「現状維持バイアスが強いかも」と思ったら、まず普段の行動を振り返って自己評価をしてみましょう。そして、変化への不安を感じやすい、新しい状況や人間関係を避ける傾向があるといった場合は、**「メリット・デメリット、具体的な数値での比較」「第三者にアドバイスを求める」**などをして、少しずつ普段と異なる行動や選択をしてみましょう。

豆知識　人間関係にも見られる

友人や恋人、職場の人など、周囲の人と関係性が濃くなると、なにかあっても「とりあえず現状維持しよう」と思うようになります。別れたり関係性を断ち切ることが容易にできないのは、ここに一因があります。

大切にしていることに優先順位をつける

日々、さまざまな人やものに触れていると、それらに気を取られ自分の本意でないことにとらわれてしまうことがあります。一度、自分が本当に必要なものを整理してみましょう。

「自分が大切にしていること」＝価値観

価値観とは、例えば「仕事より家族を優先する」「新しいことに挑戦する」などといった考え方や行動のもととなる信念のことです。価値観は、過去の経験や周囲の影響などによって形成され、個人の意思決定や行動に大きな影響を与えます。

自分の価値観を理解するメリット

- 自分がなにに喜びを感じ、なにがストレスになるのかなど、自分自身を深く理解することができる。
- 思考や行動の理由を客観視できるようになるため、他人との違いを受け入れやすくなる。
- 他人からの影響を受けにくくなり、悩んだり迷ったりしたときに自分の軸を確認できる。

「価値観リスト」を作成する

価値観リストは、日々の選択や行動の基準であり、より充実した人生を送るための指針にもなります。できるだけ多く書き出してみましょう。

価値観リストの例

家族 家族との時間、家庭の安定、親としての責任

健康 健康な体やメンタルの維持、毎日の食事、睡眠重視

仕事 キャリアアップ、会社での地位、お金を稼ぐ、安定志向

人付き合い 社交的（たくさんの友人）、自分の時間、信頼できる友人

学び 新たな知識の取得、資格取得、語学習得

価値観リストに優先順位をつける

書き出したリストは、どれも自分にとって「大切にしたいこと」ですが、それらをさらに優先順位づけしてみます。優先順位がつけられない場合は、「人間関係に関する価値観」「仕事に関する価値観」などとグループ分けをおこない、グループ内でいちばん大切にしたいことから順位づけしてみましょう。

現在の行動をチェックする

優先順位づけをおこない、自分の価値観を確認できたら、
現在の自分の行動がその価値観に基づいているか
改めてチェックしましょう。

大切にしている価値観の優先順位

1. 家族との時間
2. 自分の趣味の時間
3. キャリアアップ

→

現在の自分の行動

- 仕事が忙しくて家族と過ごす時間が少ない。
- 趣味の野球観戦に行けていないことがストレス。
- 仕事は忙しいが充実している。

→

価値観と行動にギャップがある場合の対処法

- 家族との時間を増やすため、仕事は持ち帰らない。
- 残業しない日を強制的に決めてしまう。
- 朝早めに出社して早く帰れるようにする。

他人との比較でなく、自分軸で考えてみる

価値観リストを書き出す際に、周囲の人が大切にしている価値観に影響されたり、他人の目を意識したりしてしまうことが少なくありません。しかし大切なのは、他人との比較を避け、過去の自分の経験を振り返りながら、自分自身の軸で掘り下げること。自分が大切にしていることを正確に把握できれば、現在の自分の行動を変える指針にすることができます。

24
自分を知る

「自分だけ不幸だ」と感じる

特別な存在が、損をしている気持ちになる

自分の能力と貢献度が高いと信じてやまない

自己中心性バイアスとは、自分の考えや感情、行動を、事実よりも過大に評価し、他人の思いや努力を軽視する心理的な傾向を指します。

例えば、仕事で自分だけが難しいことを任されて損をしていると思ってしまったり、チームの成功を自分の手柄だと思いこんだり、自分の考えが正しいと強く思い込んで他人も同じように考えていると思ったりといった行動には、自己中心性バイアスがはたらいている可能性が高いといえます。このバイアスが強い人は、よかれと思っていたとしても、ときに自分の考えを他人に押しつけてしまうため、**人間関係のトラブルにつながりかねません。**

自己中心性バイアスを矯正するふたつのルール

自己中心性バイアスは、自分視点でものごとをゆがんでとらえてしまう。
相手視点に立って、自分の行動を変えてみましょう。

ルール1 相手の話を最後まで聞く

× 途中腰を折ってしまう

同僚：夏休みに旅行に行くか迷っているんだよね
あなた：だったら海外がいいよ！ 去年、台湾に行ったんだけど、めっちゃよかったよ
同僚：そ…。そうなんだ… ありがとう…

○ 最後まで聞く

同僚：夏休みに旅行に行くか迷っているんだよね
あなた：へえ、いいね。どこに行きたいの？
同僚：まだ決めてないけど、沖縄とかいいよね！

ルール2 相手を主語にして話す

× 自分が主語の場合

俺は仕事が忙しくて大変なんだよ
私はランチでカレーが食べたい！

○ 相手が主語の場合

みんな仕事が忙しくて大変だよね
あなたはランチでなにが食べたい？

ふたつのルールはすぐに実践できる内容だが、自己中心性バイアスが強い人には難しいもの。ルールを破ったときは自分自身に「次は気をつけよう」と問いかけて、継続するようにしよう。

そのような場合は、次のふたつのルールを実践してみましょう。1つ目は、**自分の話をしたくなってもグッとこらえ、相手の話を最後まで聞くこと**。話の腰を折らず、「そうなんだ」「それで、どうなったの？」などと相づちを打ちながら聞きます。2つ目は、**自分を主語にして話すことを禁じ、相手を主語にすること**。主語を相手に変えるだけで、相手に寄り添う姿勢を示すことができます。どちらも**相手の立場に立ち、相手に寄り添う**ことがポイントです。

豆知識 自己奉仕バイアスにも注意

自己中心性バイアスと似た言葉に、自己奉仕バイアスがあります。これは、成功や望ましい結果を得たときは自分の能力や努力によるものだと思い、悪い結果が出たときは外的なものによるものだと考える傾向です。

ココロがわかる！　心理テスト 1

勉強や仕事に取り組む姿勢は？

Q 以下のA～Dのうち、あなたが勉強や仕事に取り組むときの意識に近いものを選んでください。

A 常に目標を気にしており、その目標を達成に向けてひたすら努力する

B やるべきことをやるものの、それができなかったときの言い訳も最初から考えている

C どちらかというと完璧主義で勉強や仕事に取り組む

D 可能な限り、いい成果を残そうとする

◀◀◀この心理テストの解説はP250

PART 2

どうしてこんなに疲れるの？
他人と付き合うときの心理学

他人と一緒に過ごしていると、気をつかうあまりいつもヘトヘトに…。
そのような悩みを、
他人と自分の間にはたらく心理の観点から読み解きます。

人の評価が気になりすぎる

円滑な人間関係に欠かせないけれど…

外的自己意識が強く 自分より他人を優先する

他人の評価は誰であれ多少は気になるものです。けれど、周囲の目が常に気になって疲れてしまい、自分を見失っているように感じるなら、**公的自己意識**が強くなりすぎているかもしれません。

自分自身を理解して把握する能力を**自己意識***といいます。自己意識には**公的自己意識**と**私的自己意識**のふたつの側面があり、公的自己意識は、自分がどんな風に思われているのかを気にする意識です。一方、私的自己意識は、自分の感情や価値観を気にする意識です。

公的自己意識は、相手を思いやったり、自分を客観的に把握したりするのに役立ちます。ただ、あまりに

WORD **自己意識**…自分自身に向けられる意識。他人が観察できる外面（容姿や言動など）に向けられる公的自己意識と、他人が観察できない内面（感覚、感情、価値観など）に向けられる私的自己意識がある。

2種類の自己意識のバランスをとる

自己意識にはふたつの種類があります。どちらかだけでなく、両方をバランスよく発揮することが心の平穏には大切です。

公的自己意識

あの人は自分に好意をもってくれていそう

こう伝えたら相手は自分をこう思うかな？

明るくふるまう自分が期待されているよね

私的自己意識

自分はこれをやりたいな

相手にこういうことを伝えたい

今日は静かに過ごしたいな

バランスが取れると…

パフォーマンスが向上
自分の強みや弱みなどを正しく認識することができ、強みに集中できる。

人間関係の向上
相手から反感を買うこともなく、自分の主張もできるため、他人とのコミュニケーションが円滑になる。

感情コントロールの向上
自分を主観的な視点と客観的な視点からとらえることができるため、感情に左右されにくくなる。

強いと他人の評価に一喜一憂するようになります。**自分を押し殺して周囲に賛同してしまう、人間関係に必要以上に気をつかってしまうなどの行動にもつながります。**

そんな状況を変えるには、私的自己意識を強化して公的自己意識とのバランスをとることが重要です。自分らしさを手放して、まわりに合わせる必要はありません。**まず自分の気持ちを伝えるところからはじめましょう。**自分の価値観に従って行動したほうが、評価を得られる場合もあります。

豆知識　公的自己意識が高い傾向

公的自己意識、私的自己意識の概念を提唱したのは、アメリカの心理学者アーノルド・H・バスです。バスは、現代人は公的自己意識が過度に高い傾向にあると考えました。

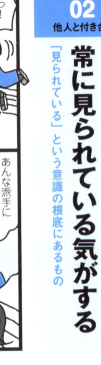

常に見られている気がする

「見られている」という意識の根底にあるもの

自信喪失などさまざまなデメリットが生じる

髪型や身だしなみなどに自信がない日は、まわりからジロジロと見られているように感じませんか？　なにかに失敗したとき、みんなに注目されているように感じて焦ってしまった経験をもつ人もいるでしょう。このように、**自分が周囲から過剰に注目を集めていると感じる心理を自己標的バイアス**といいます。

自己標的バイアスは、アメリカの心理学者アラン・フェニングスタインが提唱した概念です。いわゆる自意識過剰の状態のことで、度がすぎると、「**他人の目を気にしすぎるあまり自分に否定的になり、自信を失う**」「**他人の視線が気になってほかのことに集中できなくなる**」といっ

・自己標的バイアスの実験・

自意識が過剰にはたらいてしまう自己標的バイアスは、
心理学者フェニングスタインによって明らかにされました。

成績が悪いのは自分？

アメリカの心理学者フェニングスタインは、50人の生徒にテストを受けさせ、そのテストを返却する際に、教師から「一人だけ成績の悪い生徒がいた」と伝える実験をおこなった。その結果、50人の生徒のうち、10人以上が「成績が悪いのは自分だ」と感じたことが明らかになった。

絶対、
成績悪いの自分だ…

いつも疲労感を感じる人は、
ジムに入会して
体力をつけましょう！

私のことかな…

自分のことだと思い込む「自己標的バイアス」

人は誰でも自分を特別視しがちな傾向があり、自分が周囲よりも批判や注目を集めていると感じやすい。このときにはたらく心理を自己標的バイアスという。サービスのセールスコピーなどにも活用される。

たデメリットが生じます。周囲の視線や言動に悪意を感じてしまうと、怒りから他人に攻撃的になるケースもあります。

自己標的バイアスの根底にあるのは「自分は注目を集めてしまう存在である」という意識です。しかし、多くの人は他人に意識を向ける余裕はありません。それを認識できるようになると、自己標的バイアスとうまく付き合えるようになります。なお、自己標的バイアスとよく似た概念に**スポットライト効果***があります。

豆知識　公的自己意識とも関係が

自己標的バイアスは自己意識とも深く関係しています。公的自己意識（▶P82）が強い人は、いつも人から見られていることを意識しているため、自己標的バイアスも強くなる傾向があります。

WORD **スポットライト効果**…「自分は見られている」と過剰に思ってしまう心理のこと。芸能人の顔が前面に大きくプリントされたTシャツを着て周囲の注目度を調べた「Tシャツ実験」が有名。

03
他人と付き合う

できない人と思われたくない

即レス＝できる人というイメージの裏で弊害も

他人を知りたいと思う気持ちが引き金に

メールやSNSにすぐに返信する**「即レス」をしないと落ち着かない人は、対人認知の欲求が強すぎる可能性があります。**対人認知とは、他人の感情や欲求、性格、能力など、目に見えない内面的な特性について知ろうとする心のはたらきのことです。

　他人を知りたいと思うのは、ごく自然なことです。しかし、その**欲求が強くなりすぎると、周囲の動向を必要以上に気にしたり、特定の相手に依存したりします。**その結果、相手からのメールやSNSに即レスしないと「ダメなやつだと思われるのではないか」と思うようになり、即座に返信せずにはいられなくなってしまうのです。

「即レス」してしまう心理

メッセージが届くと「早く返事しなければ」という焦りを感じる…。
その背景には、実は次のような心理がはたらいています。

対人認知

自分が他人から嫌われたり、ダメな人だと思われたりしたくない気持ちがはたらく。

承認欲求

自分が他人から「仕事ができる人だ」と思われたり、好印象をもたれたりしたい気持ちがはたらく。

他人の感情を気にするあまり、即座に返信せずにはいられなくなる。その結果、仕事や睡眠がおろそかになるなど、生活に支障をきたすことも。

屈辱的同調に発展する前に…

他人の顔色をうかがって行動していると、やがて屈辱的同調（▶P112）がクセになり、相手の考えに盲目的に賛同してしまうようになる。

そうなる前に…

自分への評価を高める

趣味や仕事、勉強などで小さなことでも目標を達成し、「自分はできる」という自信を獲得する。

「周囲に迎合しなくていい」を理解

他人に迎合して仲間に入れてもらうよりも、自分の意見や主張をもっているほうが、評価されることを理解する。

承認欲求*も関係しています。承認欲求とは、他人から認められたいという願望です。現代社会では、「返信が早い人＝できる人」という認識があります。そのため、**早く返信することで相手に認められたい、好印象を与えたいという承認欲求がはたらいている**と考えられます。

即レスそのものは悪いことではありません。しかし、仕事や勉強、家事などがおろそかになったり、睡眠時間を削るような状況になったりしているのであれば、依存の傾向にあると考えられます。注意しましょう。

豆知識 相手にも即レスを求めがち

人には見返りを求める心理があります（▶P128）。即レスが当たり前になっている人は、相手にも即レスを期待する傾向があり、相手からの返信が遅いとイライラしがちです。

WORD **承認欲求**…「自分が価値のある存在だと他人に認められたい」という欲求のこと。「自分を見てほしい」「話を聞いてほしい」「誰かに褒めてほしい」という気持ちも、承認欲求に基づいている。

「ジョハリの窓」で自分を客観視する

自分のことがわからない…と悩むときは、「ジョハリの窓」を活用して見ましょう。あなた自身が気づいていない「自分」に気づけるかもしれません。

自分は知っている
自分は気づいていない
他人は知っている
他人は気づいていない
開放の窓
自分も他人も知っている「自分」
盲点の窓
自分は知らないが、他人は知っている「自分」
秘密の窓
自分は知っているが、他人は知らない「自分」
未知の窓
自分も他人も知らない「自分」

「ジョハリの窓」とは?

「ジョハリの窓」は、自分を知るためのフレームワークです。アメリカの心理学者ジョセフ・ルフトとハリー・インガムが開発したことから、ふたりの名前を取って「ジョハリ」と名づけられました。ジョハリの窓は、上図のように自分を４つの領域に分けて分析します。自分を客観視するためには、「盲点の窓」と「未知の窓」を狭《せば》めるようにしていきます。

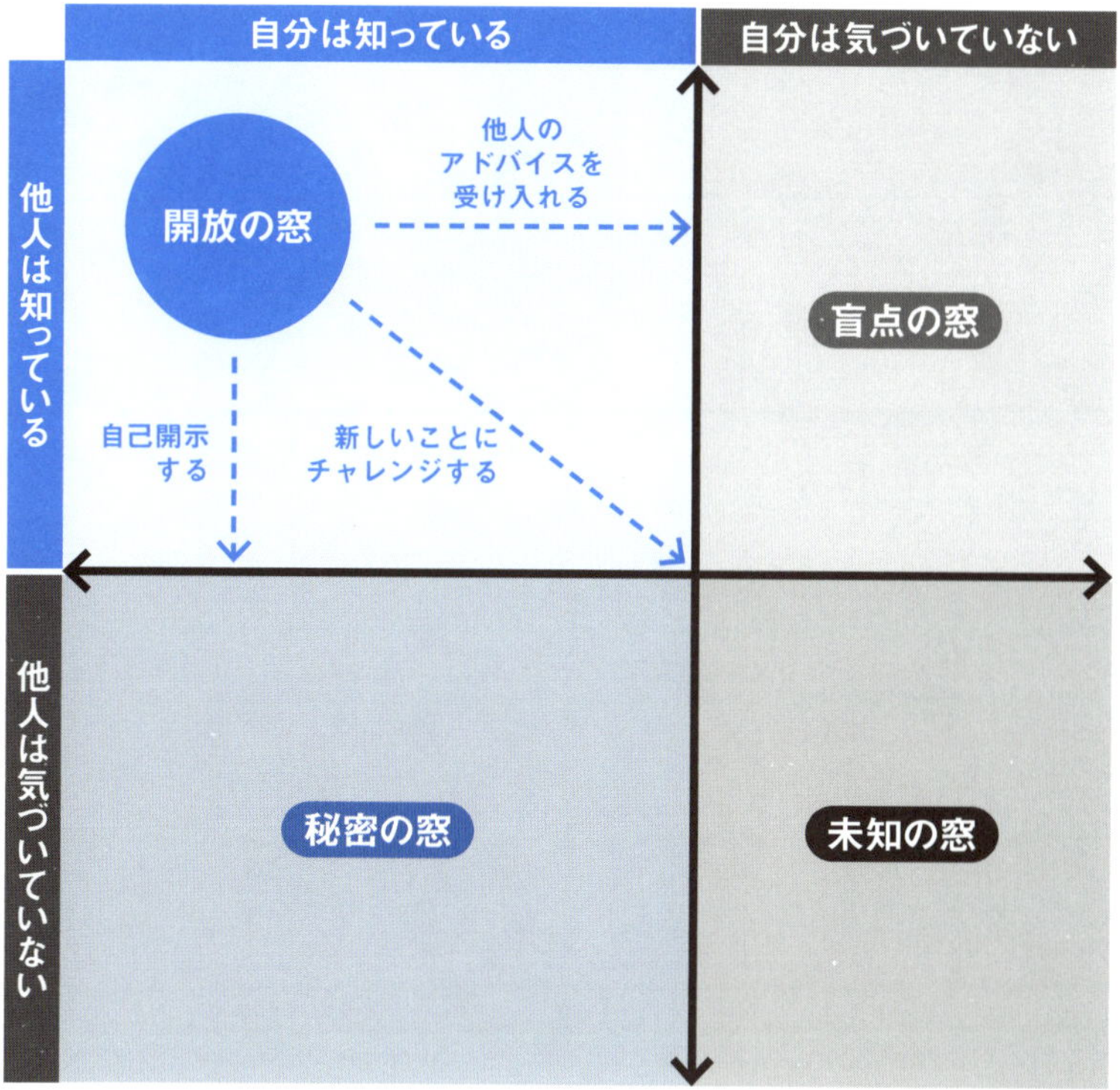

「開放の窓」を広げよう

「盲点の窓」と「未知の窓」を狭《せば》めるためには、「開放の窓」を大きくしていきます。弱いところや悩みも含めて自分を積極的にさらけ出す。これを「自己開示」といいますが、自己開示すると「秘密の窓」が小さくなって相手の信頼を得やすくなり、良好な関係を築けます。また、他人からの指摘を素直に受け入れると、「盲点の窓」が小さくなります。さらに、「開放の窓」が大きくなって「未知の窓」が小さくなれば、自分も他人も知らない“新しい自分”を発見できるようになります。このとき、本当の意味で自分を客観視できるようになるのです。

身近な人に嫉妬してしまう

祝う気持ちはウソじゃないけど、ねたむ心もある

身近な相手ほど嫉妬心が起こりやすい

同僚が活躍する様子や友達が幸せそうにしている姿を見ると、心のどこかで嫉妬*を感じてしまう人も多いのではないでしょうか？ ヒトは周囲と比較してしまう生き物ですので、**嫉妬を感じてしまうことは、ごく自然なこと**です。

しかし、嫉妬には**うらやましく思う相手を下げようとする力がはたらく悪い側面**があります。成功している相手に嫉妬してしまうのは、相手を身近な存在だと感じていたことも起因しています。近しい相手に先を越されてしまったさみしさや、プライドを傷つけられたという思いから嫉妬は生まれます。

相手を蔑《さげす》もうという気持ちのもと

WORD **嫉妬**…自分よりも優れた人や、自分にはない経験や能力をもっている人などをうらやましく感じたり、ねたんだりすること。恋人などの気持ちがほかの人に向かうのを恐れて、怒りを覚えることも。

• 嫉妬にとらわれないためには？ •

嫉妬は自尊感情の低さからも生まれます。
嫉妬から来る苦しみを克服するには、以下の方法が役立つかもしれません。

達成感を味わう

早起きや30分の運動など、自分が少しがんばることで達成できるようなチャレンジをして、成功体験を重ねる。

自分のいい部分を知る

自分がもっているいいところを見つけて認知する。強みを書き出したり、知人に聞いてみるのも手。

他人との比較をやめる

他人と比べて自分が劣っていると感じることから、嫉妬は生まれる。「自分は自分」と割り切ると、嫉妬心を手放しやすくなる。

一人の時間を減らす

「他人とつながっている」ということを自覚すると自尊感情は向上する。他人と定期的にやり取りする機会を設けることが大切。

嫉妬をパワーに

嫉妬を抱くということは、自分の劣っている部分が認知できているともいえる。その部分を補うように行動すれば、嫉妬はプラスにはたらく。

に、悪口をいったり、そのほかの迷惑行為に走ってしまったりすると、**自分を高めることはおろか、当人との人間関係も悪化**してしまいます。

ただ一方で、嫉妬は悪いことばかりではありません。**嫉妬はときに前を向く原動力になります。**うらやましく思う自分を卑下《ひげ》したり、相手を攻撃したりするのではなく、前向きなパワーに変えていきましょう。

また、自分とは関係のない世界で活躍している人や、自分よりはるかに能力が高い人とは、あまり比較しない傾向があります。

豆知識 **嫉妬心からケチをつける**

成功した人を悪くいうのも嫉妬心からです。相手にケチをつけることで、自分の嫉妬心や劣等感から目をそむけて、自分を納得させようとしているのです。

自分の「好き」に自信がない

みんなが批判していると、好きではなくなってしまう

自分に自信がもてず 他人の影響を受けやすい

自分の大好きな芸人が、SNSで「つまらない」「才能がない」などと評価されていたらどうしますか？ 自分が「おいしい」と思っているレストランを、友人が「あの店、おいしくないよね」と話していたら？

他人の評価を受けて、「いわれてみたら、そんなにおもしろくないかも…」「たしかに、それほどおいしくなかったかも…」と自分の意見を取り下げる傾向があるなら、あなたは**他人志向型**といえます。

他人志向型は、アメリカの社会学者D・リースマンが提唱した**社会的**＊**性格分類**のひとつで、「**周囲の人間やマスメディアに登場する同時代の人を、自身の行動の基準あるいは指**

WORD **社会的性格**…国や地域、職業、年齢、性別など、特定の集団に属する人たちに共通して見られる性格上の特徴のこと。国民性や男らしさ、女らしさとされるものも、社会的性格といえる。

他人志向型の特徴

他人志向型は、まわりの人や大衆の意見を自分の行動基準や指針にする特徴をもちます。この特徴が行きすぎると、自分の価値観を見失うので注意しましょう。

「他人に流されやすい」と思ったときは

他人志向の側面が強くなっていると感じたときは、改めて自分の価値観や目標を振り返りましょう。この軸を再認識することで、自分主導の意思決定ができるようになります。

意見や価値観の喪失

他人志向型は他人の意向にとても敏感で、他人の意見に流されやすい傾向にある。自分にとって憧れの人がいたとしても、その人をよく思わない他人の意見を目にすると「やはり好きではないかも」と、自分の価値観を見失ってしまうこともある。

針とするタイプ」と説明しています。

他人志向型の人は、ほかの人の意向にとても敏感です。そのため、チームワークや協調性が求められるような環境では大いにその特徴が活きるでしょう。

しかしその反面、**他人の意見に流されやすい傾向があり、同調行動（▼P95）をとりやすい**といえます。これが行きすぎると自分の意見や価値観を見失ってしまうことも…。自分の「好き」を尊重して主張することも大切です。

豆知識 行列に並んでしまう

行列ができている飲食店を見かけると、「たくさんの人が並んでいるなら、おいしいに違いない」と思ってつい並んでしまう人も、他人志向型の特徴です。行列は他人志向型の人を誘いやすいといえます。

自分だけ目立つのは嫌だ

「みんなと同じでいたい」と考えてしまう理由

今年、一番業績がよかったのは中村さんです！
私!?
おめでとう！すごい！やったね！
あの人社長賞もらった人だ
お〜バリキャリだね！
なんだか居心地悪いな…
こんなに目立つならがんばらなきゃよかったかも…
あ

斉一性の圧力を無意識に感じている

褒められるのは基本的にはうれしいことです。けれど、大勢の前で褒められると「目立ちたくない」という気持ちから素直に喜べない…。そんな経験はありませんか？

「目立ちたくない」という感情は、斉一性の圧力と関係しています。斉一性とは、「複数のものが一様に同じ状態である」という意味です。**斉一性の圧力は、ある集団において、周囲と同じであることを求められる圧力**を指します。社会的圧力ともいいわれます。

斉一性の圧力が生じると、**異なる意見や行動がとりにくくなります。**学校や会社は、世代、見た目、価値観などに共通点をもつ人が多く集ま

WORD **同調行動**…集団や他人に合わせて、自分も同じ、あるいは似たような行動をとること。心理実験から、集団において同調行動を避けるのはかなり難しいことがわかっている。

・集団ではたらくさまざまな心理・

一人のときと集団でいるときで、はたらく心理は異なります。
集団でいるときにはたらく心理には、次のようなものがあります。

集団圧力

集団としての秩序を保つために定められたルール（集団規範）に従うよう、心理的にプレッシャーをかけること。

集団思考

集団でものごとを決めるとき、どんなに変わったアイデアでも、多くの人が賛同すれば、そのアイデアに反対しづらくなること。

集団同一視

特定の集団に所属することに心地よく感じると、その集団への愛着を抱き、「集団＝自分」として認知すること。

社会的手抜き

集団で作業に取り組んでいるとき、「ほかの誰かがやってくれる」といった思考から、自分が手を抜いてしまうこと。

傍観者効果

異常なことが起きた際、自分以外にも傍観者がいるときは行動が抑制されること。

るため、斉一性の圧力も発生しやすいといえるでしょう。

「目立ちたくない」と思うのは、斉一性の圧力を無意識に感じとり、ほかの人と違うと見なされるのを回避したいという心理がはたらくからです。本当はそれほどほしくないのに流行の商品を買ってしまうのも、空気を読んで意見をいわないのも、斉一性の圧力と関係しています。斉一性の圧力が生じた状態では同調行動*が起こりやすく、集団が一方向に進みやすくなります。これを斉一性の原理*といいます。

活かす！ 心理テクニック

周囲に従うラインを決めよう

斉一性の圧力に屈していると自分が苦しくなります。「ここまでは従う」「これ以上は従わない」といったルールを決めておくと、自分も納得でき、断るときの基準にもなります。

WORD **斉一性の原理**…個人が斉一性の圧力に屈して同じような行動を選択することで、集団が特定の方向に進む状況をいう。組織的な隠蔽《いんぺい》やいじめが起こる理由も、斉一性の原理で説明できる。

まわりと比べて苦しくなる

ヒトは他人と比較する生き物

自分より上の人と比べて落ち込んでしまう

SNSで友人・知人の楽しそうな投稿を見たときに、「それに比べて私は…」と落ち込んでしまうこと、ありますよね。**ヒトは周囲と比較する生き物です。これを社会的比較理論*といいます。**

社会的比較には、**上方比較と下方比較**の2種類があります。自分よりも優れた人や幸せな人と比べるのは上方比較です。「隣の芝生は青い」といいますが、これはまさに上方比較の典型といえるでしょう。

より正確な自己評価（▼P102）をするには、周囲との比較が欠かせません。加えて**適度な上方比較は、モチベーションを高める効果があります。しかし、行きすぎると自信喪失**

WORD **社会的比較理論**…アメリカの心理学者レオン・フェスティンガーが提唱した理論。人は自分の能力や意見などを評価しようとする際、他人と比較して考えようとする傾向があることを唱えている。

• 比較して自分の現在地を知る •

ヒトは自分以外のものと比較することで「自己」を認知するクセがありますが、その「比較」には次のようなさまざまな特徴があります。

隣の芝が青いのは幻想？

アメリカ中西部の住民に、現状の幸福度と「カリフォルニアの住民は幸せだ思うか？」と質問。すると「カリフォルニアの人たちは自分たちより幸せだと思う」という回答が多かった。しかし、カリフォルニア住民に幸福度について尋ねると、アメリカ中西部と同じ幸福度だったという結果になった。

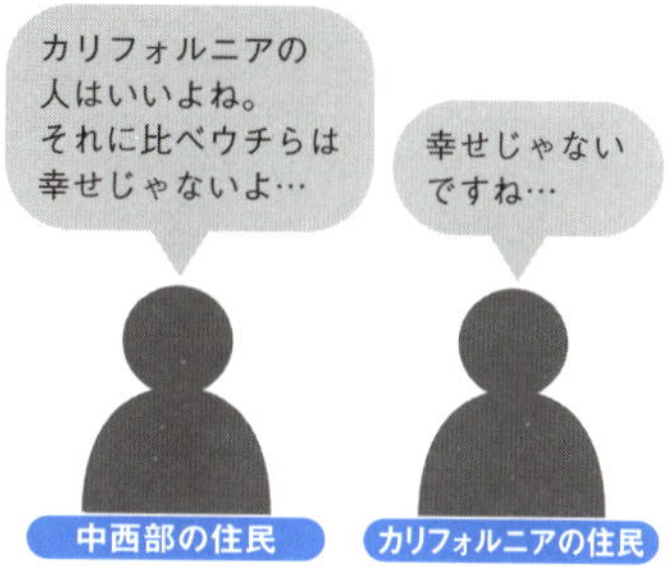
カリフォルニアの人はいいよね。それに比べウチらは幸せじゃないよ…
幸せじゃないですね…
中西部の住民
カリフォルニアの住民

上と比べる？下と比べる？

自分より実力などが上の対象と比べることを「上方比較」、下の対象と比べることを「下方比較」といいますが、どちらも次のようなメリットとデメリットがある。

上方比較

メリット 自分の目標となるため、自己成長の動機になる。

デメリット 比較対象が大いに優れている場合、理想に追いつけず自尊心を傷つける。

下方比較

メリット 自分よりも劣っている対象を知ることで、一時的に自尊心が高まる。

デメリット 現状の自分に満足してしまいやすく、自己成長の動機が希薄になる。

比較するときは、他人ではなく「過去の自分」と比較すると効果的

につながり、うつの原因にもなりかねません。とくにSNSは成功談や幸せアピールの投稿が多く、劣等感をあおられがちです。上方比較をして、落ち込んでしまうのなら、まずはSNSと適度な距離を保ちましょう。

また、**自分より下だと思う相手と比べる下方比較も、場合によってはおすすめ**です。「あの人に比べたら自分はまだマシかもしれない」と思うのは抵抗があるかもしれませんが、下方比較は心理学に基づいたライフハックです。心の中だけで適度に実践するぶんには問題ありません。

活かす！ 心理テクニック

隣の芝生は本当に青い？

幸せそうな人も、実は大変な努力や苦労をしているかもしれません。「隣の芝生は本当に青いのか？」と考えてみると、上方比較による劣等感が軽くなるはずです。

親しくなりたいのにできない

他人との距離を詰められず、人の輪に加われない

あ、さっき席が隣だった子だ
話しかけてみようかな…
…ってなんか知らない人たちといるな…
突然話しかけたら「なにこいつ?」とか思われるよね…?
え?
知り合い同士だよね
馴れ馴れしいとか思われる?
また今度でいいや…
はじめまして
はじめまして

物理的な距離は心の距離にも影響する

新しい人間関係がはじまるときは、誰もが緊張するものです。ただ、**内向的***な人だと、緊張を通り越して苦痛に感じてしまうかもしれません。いつまでたっても打ち解けられず、気づけば自分だけ人の輪の外…という人もいるのでは? そんな人は、まずは**物理的な距離を縮める**ことからはじめてみましょう。

アメリカの人類文化学者エドワード・ホールは、人の**パーソナルスペース***には4つの領域が存在すると考えました。パーソナルスペースの半径45cm以内に近づけるのは恋人や家族などのごく親しい人のみで、友人などの親しい人との距離は半径45cm~2m、同僚や上司と部下、先生と

WORD **内向的**…興味や関心が自分の内側に向く気質をもつ人をいう。一般的に「内気」ともいわれる。興味関心が自分の外に向かう気質は「外向的」という。

・仲良くなるための4つのポイント・

はじめての人と話すときは少なからず緊張するものです。
次のポイントを実践すると、距離がグッと近くなるかもしれません。

① 単純接触の原理

ある人と何度も顔を合わせることにより、その人への好意が増すこと。親密にしたい人がいるなら、短い時間でも毎日顔を合わせることが効果的。

② 返報性の原理

他人からなにかを受けとると、お返しをしたくなる心理のこと。好意を向けることで、相手からも好意を向けてもらいやすくなる。

③ 類似性の法則

自分との共通点が他人との間にあると好感を得やすいということ。出身地や趣味、食べ物の好みなど、共通する事柄を見つけて伝えることが効果的。

④ 自己開示

自分自身のことをさらけ出して伝えること。お互いに自己開示をすることで打ち解け合うことができ、親密な関係になりやすくなる。

生徒のような公的な関係の相手との距離は半径2～3.6ｍとなっています。

　また人は、**近い距離にいる相手に対して肯定的になりやすい**という研究もあります。つまり、相手から半径45㎝～2ｍの位置にたびたびいるようにすれば、自然と心の距離も近づく可能性があるのです。このとき、真正面から近づくと警戒されるおそれがあるので、横から近づいたり、隣に座ったりするのがおすすめです。

　ただし、異性の場合は近づきすぎると恋愛感情があると誤解されることもあるので気をつけましょう。

活かす！ 心理テクニック

急な接近は逆効果

家族や恋人でもない人に半径45㎝以内に近づかれると、ヒトはストレスを感じます。親しくなりたいからといって、いきなり距離を詰めるのはやめておきましょう。

WORD **パーソナルスペース**…他人に侵入されると不快に感じる距離。男性よりも女性のほうが広いとされている。電車やトイレで端を好む人が多いのも、パーソナルスペースが関係する。

09
他人と付き合う

他人の視線が怖い

他人から見られることや、他人を見ることを怖がる

視線が怖いのは社会不安障害の可能性も

好きな人や苦手な人、あるいは自分よりも立場が上の人と視線が合うとドキッとして緊張してしまうのは、とても自然な反応です。しかし、ふと目があっただけで体がこわばるような感覚があったり、会話がままならなかったりするのなら、**視線恐怖**の疑いがあります。

視線恐怖は、他人からの視線を怖がる**他者視線恐怖**、自分の視線が相手の気分を害すると感じてしまう**自己視線恐怖**、目の前にいる相手と目を合わせられない**正視恐怖**、視界に入った人やものを目で追ってしまう、あるいは他人の視界に入ることを恐れる**脇見恐怖**の4タイプに分けられます。いずれも社会不安障害*の症状

WORD **社会不安障害**…人や社会と接する場面において強い不安や恐怖を感じ、日常生活に支障が出る病気。対人恐怖症、社交不安障害とも呼ばれる。

・視線恐怖に負けないためには？・

視線を向けられると、いつもどおりに行動することが難しくなる…。
そんな場合は、次の対処法を実践すると、視線恐怖がやわらぐかもしれません。

イメージトレーニングを重ねる

プレゼンやスピーチなど、あらかじめ人前で話すことがわかっているときは、事前にイメージトレーニングすることで「場数を踏む」ことと同じ効果が得られる。

こういう場合は
ああして…
こうして…

自分の状況を実況する

おっと
話すことを忘れて
焦っています！

もしも混乱に陥《おちい》ったときは、想像の中で自分を他人の視点から実況することが効果的。自分を客観視することで、冷静になることができる。

高い服などに身をつつむ

身につけるものも含めて「自分」と認識することを利用するテクニック。高級な服やお気に入りのアクセサリーを身につけることで、自信をもってふるまうことができる。

今日の自分、
なんか
イケてる…！

のひとつと考えられており、**公的自己意識**（▼P82）**が過剰な人や、まじめで完璧主義な人がなりやすい**といえるでしょう。

視線恐怖は、場数を踏むことである程度なら克服できます。また、年齢を重ねるにつれて気にならなくなるケースも少なくありません。ただ、視線恐怖が強く、外出が難しくなる、動悸《どうき》やふるえ、吐き気などの身体症状が出るようであれば、医師や専門家のサポートを受けましょう。

豆知識　社会不安障害の症状

社会不安障害の症状はほかに、人前で話すのが怖い「スピーチ恐怖」、電話に出ることに不安を感じる「電話恐怖」、人前で食事をするのが苦痛な「会食恐怖」、人前で字を書くと手がふるえる「書痙《しょけい》」などがあり、複数の症状があらわれることもあります。

10
他人と付き合う

ささいな言動に傷つく

ささいなことで傷つき、傷ついた気持ちを引きずる

自己評価が低く消極的になりやすい

他人のささいな言動に傷つき立ち直れない人は、自己評価が低い傾向があります。自己評価が高い人は、なにごとにも積極的に取り組め、多少のトラブルにも解決できるはずだと考え、すぐに立ち直ります。

自己評価が低い人は、自信がないためものごとに消極的です。トラブルが起きると「自分のせいだ」と傷つき自信をなくしてしまうので、解決のために行動する勇気をもてません。そして、そんな自分にさらに落ち込むという悪循環をくり返します。

加えて、**自己評価が低い人は自分を悪く評価する人を好む傾向があります**。これを**認知的斉合性理論**＊といいます。つまり、他人に褒められる

WORD **認知的斉合性理論**…自分の認知に矛盾が生じると、矛盾を解消しようとする心理。自己評価が低い人が自分を悪く評価する人を好むのは、自分の認知(自己評価)と、相手の評価に矛盾が生じないため。

自己効力感を得て自己評価アップ！

ささいなことで傷つくほど自己評価が低い人は、
自己効力感を得ることで自己評価の向上につなげることができます。
自己効力感を得る要因には、次のものがあります。

① 成功体験を増やす

自分で行動して成功を遂げる経験を積み重ね、「自分はやればできる」という自信を深める。努力して成功することが効果的だが、失敗を重ねると逆効果になることも。

② 身近な人の成功を見る

自分に近しい人が成功している様子を見て、「自分もできるかもしれない」と感じることで自己効力感を高める。どのように成功を得たかを観察することが重要。

③ 他人から「できる」といわれる

周囲の人から「自分にもできる」と声をかけてもらうことで、自己効力感が高まる。ただし、この要因に依存しすぎると、他人の評価に左右されやすくなる。

④ やる気になる状態になる

心身の状態をよくしてやる気がわいてくる状態にすること。メンタルを含め、体調を整えることで苦手なことなどを克服できる。

と「この人は私のことをわかってない」と思い、反対に「おまえはだめなやつだ」といわれると「私のことをわかっている」と思ってその言葉を受け入れてしまうのです。これでは自己評価は下がるばかりです。

自己評価が低いとネガティブな結論を出しがちです。けれど、**人の本当の気持ちは誰にもわからないもの。**「あの人は私のことを嫌いかもしれないし、そうでないかもしれない。本当のことはわからない」と思えるようになれば、他人のささいな言動に傷つきにくくなります。

活かす！ 心理テクニック

自己評価が低い人への対応

まわりに自己評価が低い人がいたら、相手のいいところ、好きなところをくり返し伝えましょう。人は何度も伝えられる情報を真実だと認識する傾向があります。

11
他人と付き合う

苦手な人はずっと苦手？

苦手意識を一度でも感じると、ずっと苦手に感じる

先入観と確証バイアスが苦手意識を増幅する

「苦手かも」と思う人は、誰にでもいるはずです。実際にその相手から嫌がらせなどをされたなら、あなたが苦手意識をもつのも当然です。ただ、思いあたる原因がなく、**なんとなく苦手だと感じているなら、それは先入観のせいかもしれません。**

先入観は、特定の対象に対してあらかじめ抱いている主観的な考えです。先入観は友人やSNSの情報や自分の経験などに基づいて形成され、間違っていることが往々にしてあります。加えて、**先入観があると、先入観を肯定するのに都合のいい情報ばかりを集めるようになります。**これを**確証バイアス**といいます。

先入観にとらわれて確証バイアス

Q WORD **確証バイアス**…偏見や先入観など、自分が信じていることを肯定する情報ばかりを集め、否定するような情報を無視する心のはたらき。

• 先入観の形成の流れ •

過度な先入観は人間関係によくない影響を与えてしまうかもしれません。先入観にとらわれないよう気をつけましょう。

① 友人やSNSの情報

多くの偏った情報によって判断がゆがむ。

② 先入観の形成

マイナスの先入観が形成され、負の感情をもつ。

なんとなく
NG！

③ 確証バイアスの強化

都合のいい情報ばかりを収集するようになる。

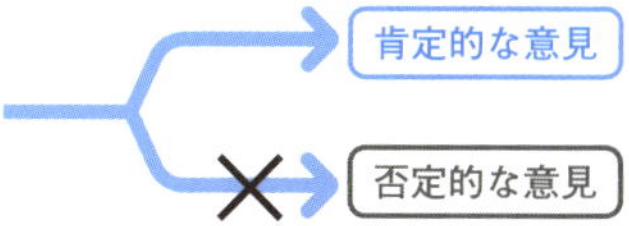
肯定的な意見
否定的な意見

④ 考える力の低下

「○○なはず」という先入観のせいで、深く考えなくなる。

低下

が強まると、自分で考える力を失い、他人の評価や行動に振り回されやすくなります。偏見や差別の原因にもなりかねないので注意が必要です。

　また、苦手だと思う気持ちが態度にあらわれると、**返報性の原理*に基づき、相手からも苦手だと思われてしまう可能性**があり、人間関係がますますこじれるおそれがあります。

　いつまでたっても苦手意識が消えない相手がいるなら、まずは、自分が先入観にとらわれていないかを考えてみましょう。

豆知識　それでも苦手なら…

苦手な人と無理をしてまで仲よくする必要はありません。相手への礼節を忘れず、仕事やほかの人との人間関係に支障をきたさない範囲で、最低限のかかわりを維持すればよしと考えましょう。

WORD **返報性の原理**…他人からされたことにお返しをしたくなる心理。好意を寄せられたら好意を、悪意を向けられたら悪意を返したくなる。

苦手な人とうまく付き合うために

苦手な人は誰にでもいるものですが、良好な関係を築くことができれば、人間関係のストレスは軽くなります。ここでは、苦手な人とうまく付き合うためのヒントを紹介します。

TIPS 1 「フランクリン効果」を狙う

アメリカの政治家フランクリンは、ライバルにちょっとしたお願いごとをよくしたそうです。ライバルたちはお願いごとを引き受けるうちに「お願いを聞いてあげたということは、私は彼のことが好きなのかも」と感じるようになり、好意的になったといいます。これを「フランクリン効果」といいます。苦手な人にはあえて、ちょっとしたお願いごとをしてみましょう。

TIPS 2 共通の「好き」をつくる

心理学者のハイダーは、好きを「+」、嫌いを「−」とした場合、自分、相手、ものごとの３つの関係をかけ合わせたときに「+」になる関係が「バランスがとれた状態」、「−」になる関係が「アンバランスな状態」であると考えました。相手と共通の「好き」があるとバランスがとれた状態になり、相手への苦手意識が変化する可能性があるのです。苦手な人がいるなら、共通の「好き」を探してみましょう。

TIPS 3 効果的に褒める

褒め方には「相対評価」「絶対評価」「結果評価」「プロセス評価」の４種類があります。このうち、褒められた相手の満足度がとくに高いのが「プロセス評価」です。苦手な人こそ、積極的に褒めてみましょう。

相対評価 誰かと比較する評価をする。 例 ○○より仕事ができるね	**絶対評価** 誰かと比較しない評価をする。 例 あなたは仕事ができますね
結果評価 結果だけに対して評価する。 例 営業成績がトップなんてすごい！	**プロセス評価** 途中過程や変化を評価する。 例 毎日がんばっていたね！

TIPS 4 気分を上げておく

人は、自分の感情と一致した情報ばかりを集めようとする傾向があります。これを「感情一致効果」といいます。この「感情一致効果」を活用して、苦手な人に会うときは、自分なりに気分が上がることをしておくと、苦手意識が薄れるはず。苦手意識が薄れてあなたが好意的な態度をとれば、相手も好意的な反応を返してくれます。

TIPS 5 なぜ苦手なのかを考えてみる

苦手な相手はあなたの「シャドウ（影）」かもしれません。「シャドウ」は心の中で抑えている自分のこと。例えば、自己主張が強い人に苦手意識を感じている場合、あなたは自己主張を無意識に抑えている可能性があります。自分が我慢していることを意識させられるため、相手にマイナスの感情を抱くのです。苦手に感じる理由を考えてみると、相手への意識が変わるかもしれません。

12
他人と付き合う

すぐに謝ってしまう

「すみません」「ごめんなさい」がログセに

ちょっといい?
は、はい!
メニュー
これさ…
すみません!
メニュー
いや そうじゃなくて
あ〜!! すみません
メニュー
別の日
あ〜…ほんと イライラする!
えっごめん!
まただ…
あ… いや別のこと なんだけど…
wifiが…
なぜ謝る?
なんかごめん!!

謝ってばかりいても他人といい関係は築けない

謝罪がログセのようになっているなら、自己否定が強い傾向があると考えられます。自己否定とは、文字通り、自分自身を否定する感情です。「自分はだめな人間なんだ…」などと自分を卑下《ひげ》する発言をしがちなのも、自己否定が強い人の特徴です。

なにかあると条件反射的に謝ってしまうのは、「自分が悪いに違いない」という自己否定に加えて、相手を不快にさせずにその場をおさめたいという配慮もあるはずです。けれど、話を最後まで聞かずに謝ってばかりだったり、自分を否定するような発言ばかりだったりする状況では、他人といい関係はなかなか築けません。

すぐに謝罪の言葉を口にしてしま

WORD **自己否定**…自分自身の経験や能力、性格などを否定する、または否定的にとらえること。自己否定が強まると、自分が自由に行動したり楽しんだりすることも否定するようになる。

• 自信がなくて否定してしまう •

自信がもてず委縮してしまい、負の連鎖に陥《おちい》ってしまうことは多々あります。
自信については、次のようなことが明らかになっています。

自信がないのは国民性？

心理学者のマイケル・ロスは、日本人とカナダ人の大学生複数名に自己紹介をさせた。その結果、カナダ人は自信に満ちた肯定的な内容が多かった一方、日本人は否定的な内容が多く見られたことが明らかになった。

△△に詳しいです！
○○が得意です！
カナダ人
○○が苦手で…
△△ができなくて…
日本人

自分を認める魔法の質問

答えが「イエス」となる質問をくり返すことで、ポジティブな感情が生まれ、他人と信頼関係が向上する「イエス・セット」というテクニックがある。自分に対しても活用でき、自己肯定感の向上につなげることができる。

自分が「イエス」と答えられる質問を３回おこなう

- **質問1** いま本に触っているよね？➡**イエス**
- **質問2** いま文字を読んでいるよね？➡**イエス**
- **質問3** いま文章を理解しようとしているよね？➡**イエス**

３回ほど「イエス」と答えることで気持ちが上向いていく

う自覚があるのなら、まずは、相手の話をきちんと聞いてから謝るようにしましょう。謝罪ではなく、感謝の言葉を伝えるのも効果的です。

また、**自分を否定してしまったときは、ポジティブな言葉を心の中で続けてみてください。**「自分の考えを話すのが苦手（でも謙虚《けんきょ》だ）」「ささいなことで傷つきやすい（でも他人の感情によく気づく）」という具合です。**自分のいいところを認められるようになれば自尊感情*が高くなり、自己否定も少なくなる**はずです。

活かす！ 心理テクニック

アッハ体験を積み重ねる

「アッハ」はドイツ語で「やった！」を意味する言葉です。「アッハ体験」はつまり「成功体験」。「笑顔であいさつをする」など、小さな目標を立てて実行し、成功体験を積み重ねると自尊感情が回復します。

WORD **自尊感情**…「自分に価値がある」と感じられる感覚のこと。「自尊心」「自信」「自己肯定感」とほぼ同義。自尊感情が高いと自分を認める気持ちも強く、自分を大切に扱うことができる。

13

他人と付き合う

うまくいくと不安になる

勝利したり成功したりすると、不安を感じてしまう

いつかは憧れの先輩のようにデキる人になるぞ！
われらのリーダー
次は企画書を…
カタカタ
太田さんはいつもがんばってて仕事もできるからリーダーになってみない？
!!
…でもいま以上の責任って怖いな…
まだ自分にはできない業務も多いし…
自分より向いた人がいそうだし…
私は…今のままでいいです…
えっ、そうっ？
….

せっかくのチャンスを逃してしまうことも

有名な「シンデレラ」の童話は、シンデレラが王子様と結婚して幸せになるところで終わります。ハッピーエンドのあと、シンデレラはどのような人生を送ったと思いますか？「離婚する」「王子様が浮気する」といった不幸な展開を想像した人は、**成功回避動機**が強いといえます。

アメリカの心理学者マティナ・ホナーは、人は**成功を怖いと感じ無意識に回避してしまう心理**があると唱えました。これを成功回避動機といいます。昇進のチャンスを「自信がないから」と手放してしまうのも、意中の相手から交際を申し込まれたのに「自分はふさわしくない」と断ってしまうのも、成功回避動機が影

WORD **成功回避動機**…成功することを不安に思ったり、成功を避けようとしたりする心理。背景には、他人から嫉妬を買うことや、失敗したときに傷つくことへのおそれがある。成功恐怖ともいう。

成功を避けてしまう?

成功は誰にとっても手に入れたいものであるはずですが、
実はその限りでないことが心理学の研究から明らかになっています。

女性のほうが成功を避ける傾向がある?

アメリカの心理学者マティナ・ホーナーはミシガン大学の男女学生に物語の一文を提示し、その続きを作成して物語を完成させるよう指示した。成功を回避するような物語をつくったのは、男性は9%に対し女性は65%以上にのぼった。

問題
1学期が終わったとき、アン(男性用はジョン)は医学部で一番の成績をとったことを知った。

回答
成功したことで周囲から嫉妬を買い、まわりからは距離を置かれるようになってしまいました

ネガティブな結末を考えた女性は65%以上にのぼった!

コンフォートゾーンから抜け出そう

本人が安心・安全に過ごせる領域のことを「コンフォートゾーン」と呼ぶ。この領域は環境などの実際の空間だけでなく自分の置かれている状況など概念的なことも指す。

コンフォートゾーン
安心・安全で居心地のいい領域。現状維持の状態。

ラーニングゾーン
少しストレスや負荷を感じる領域。成長が望める状態。

パニックゾーン
ストレスや負荷を強く感じる領域。燃え尽きてしまう状態。

成功回避動機にとらわれないためには、コンフォートゾーンからラーニングゾーンへ抜け出すことが必要!

響しています。ホーナーは、女性はひかえめでいるべきだという価値観を植えつけられているため、成功回避動機が男性より強いとしました。

成功回避動機が強い人は、まずは、その事実を認めましょう。成功回避動機が強いという自覚があれば、「あのときどうして承諾しなかったのだろう?」と悩むことが減ります。そのうえで、**成功を望むのであれば、成功したいという気持ちを強くもち、実行に移すことが大切**です。

豆知識

シンデレラの「その後」

シンデレラの「その後」について「幸せに暮らした」などの通常の展開をイメージした人は、成功回避動機は強くないといえるでしょう。「王妃として大成功した」など、さらに大きな成功をイメージした人は、成功を求める傾向が強いといえます。

14
他人と付き合う

周囲の意見に流される

くり返すとさらなる悪循環に陥《おちい》ることも

本音をいえずに同調する3つの理由とは

本当は納得していないのに、空気を読んで周囲と同じ言動をしてしまい、本音をいえない自分にモヤモヤする…。このように、**斉一性の圧力（▼P94）に屈し、自分の意志や価値観に反した同調行動（▼P95）をすることを「屈辱的同調*」といいます。**屈辱的同調をするのは、3つの理由が考えられます。

1つ目は、**自分を守るため。**社会的動物である人間にとって、集団から孤立することは問題です。そのため、**仲間外れや変わり者扱いされないよう屈辱的同調をしてしまいます。**

2つ目は、**自己評価（▼P102）が低いから。**自己評価が低い人は自信がないため、「自分の意見をいって

WORD 屈辱的同調…まわりの圧力や状況、期待に屈して自分の本当の意見を無視し、自分とは異なる意見に賛同すること。背景には、所属しているグループから排除されることをおそれる気持ちがある。

・ついまわりと同じほうを選んでしまう心理・

日々生活していると、人が多いほうに近づいたり、
多数派の意見に賛同したりと、無意識に同調してしまうことがあります。

正解が明らかでも間違える

アメリカの社会心理学者アッシュは、７人の集団（うち６人はサクラ）に「１本の線」が描かれた正解カードを見せ、その後、同じ長さの線を一人ひとり順番に選ばせた。サクラの６人がわざと誤答すると、被験者の正解率は63％に下がった。

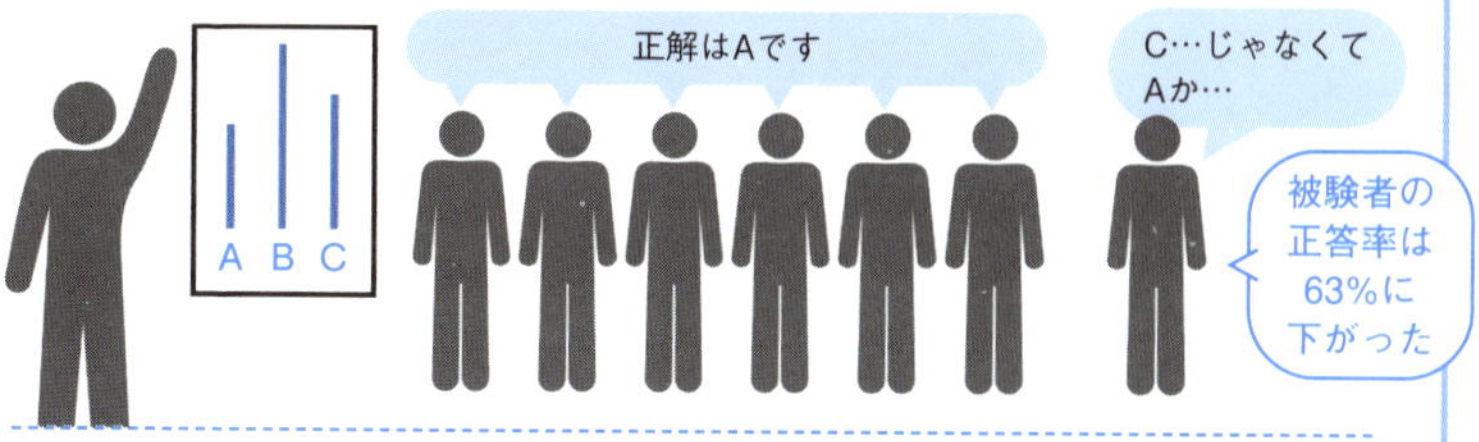
A B C
正解はAです
C…じゃなくて
Aか…
被験者の
正答率は
63％に
下がった

相手を傷つけない「断り方」

人間関係に疲れてしまう人は、心がやさしいがゆえに「断ること」が苦手な傾向にある。そこで、断るときには「ポジティブな内面＋外面の条件」の組み合わせを意識して伝えると、相手を気づかいながらうまく断れるようになる。

ポジティブな内面
誘ってくれて
とても
うれしい！
外面の条件
だけど、
今日はすでに
約束があって…

も仕方がない」と思いがち。反対意見であればなおさらです。

３つ目は、**対人認知の欲求**（▼P86）**が強い**ことです。必要以上に周囲の動向を気にする傾向があると、自分もそれに合わせようとします。

屈辱的同調をくり返すとストレスが溜まります。また、自己評価が低くなり、ますます屈辱的同調をしやすくなるという悪循環に陥《おちい》りかねません。そんな負のループから脱するには、まずは自己評価を高めることを意識しましょう。自己評価が高くなれば、本音もいいやすくなります。

活かす！ 心理テクニック

自己評価を高めるには

仕事でも趣味でも、自信をもてるものがなにかひとつでもあると自己評価が高くなります。資格をとる、運動をするなどの目標を立てて達成することも、自信につながります。

15
他人と付き合う

自分をもっと認めてほしい

理想と異なる自分や、評価を得られない状況が不満

筋トレ3か月目
お、なんか体つきが変わってきた気が…
ねえ！ なんか変わったと思わない？
髪型、変えた？
そ、そうなんだよ 先週美容院行ってさ〜
もっと…もっとプロテイン飲むか…！
シャカ
シャカ

自分を認めたいし人にも認められたい

理想の自分と現実の自分のギャップに傷ついたり、「こんなにがんばっているのにどうして認められないのだろう」と落ち込んだりしていませんか？ こうした不満のもとになっているのが**自己承認欲求**です。

心理学者のマズローは、人間の欲求を生理的欲求、安全欲求、社会的欲求、承認欲求、自己実現欲求の5段階に分類しました。これを**マズローの欲求5段階説**といいます。

承認欲求は「**自分を価値ある存在として認めたい**」「**他人から認められたい**」という気持ちのことです。承認欲求の対象が**自分の場合**を「**自己承認欲求**」、**他人の場合**を「**他人承認欲求**」といいます。

WORD **欲求5段階説**…アメリカの心理学者アブラハム・マズローが提唱した理論。マズローは、下のレベルの欲求が満たされると、上のレベルの欲求を満たそうとすると唱えた。

• 欲求は5種類に分けられる •

心理学者マズローは、人間の欲求を５段階に分類。下位の欲求を満たすと、1段階上の欲求を満たしたくなると考えました。

マズローの欲求５段階説

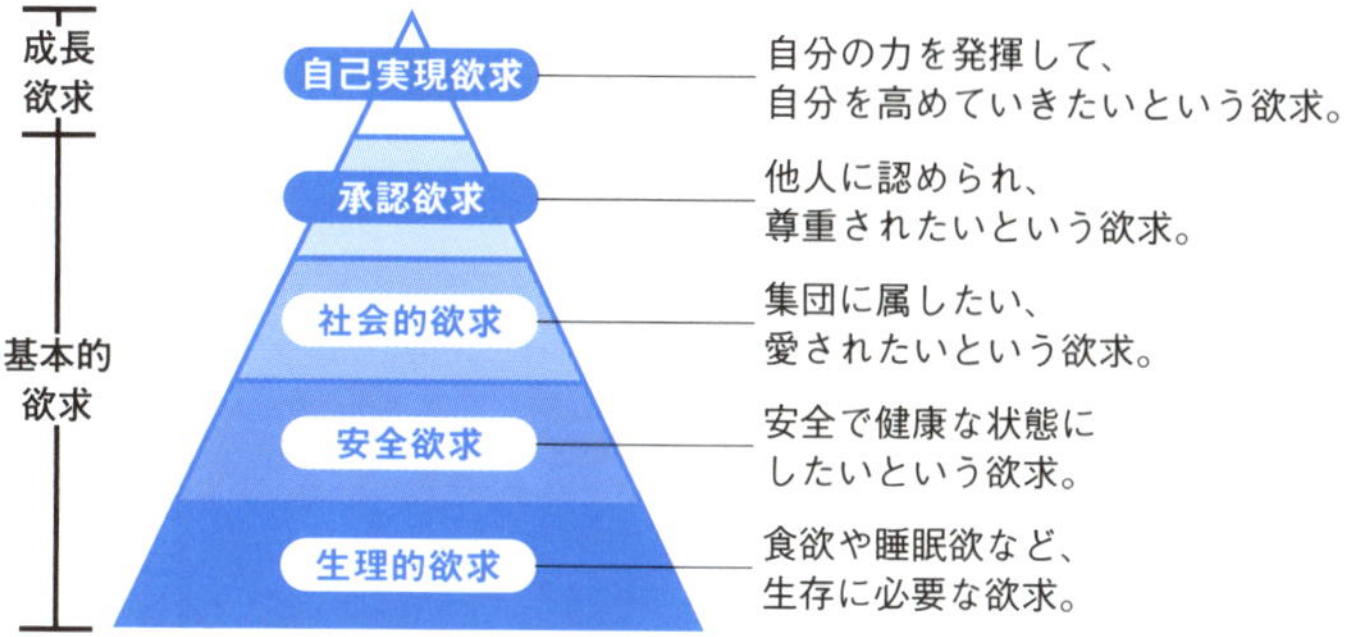
成長欲求
基本的欲求
自己実現欲求
承認欲求
社会的欲求
安全欲求
生理的欲求
自分の力を発揮して、自分を高めていきたいという欲求。
他人に認められ、尊重されたいという欲求。
集団に属したい、愛されたいという欲求。
安全で健康な状態にしたいという欲求。
食欲や睡眠欲など、生存に必要な欲求。

５つの欲求は「基本的欲求」と「成長欲求」に分類され、「基本的欲求」は不足していると不満を感じ、「成長欲求」は成長すること自体が目的になるものとした。

自己実現欲求で幸福度を高める！

マズローは「社会的欲求」が50%以上、「承認欲求」が40%以上を満たすことができれば、成長欲求である「自己実現欲求」に向かえることができるとした。

自己承認欲求が強いと、理想とは異なる自分を受け入れられず、限界までがんばってしまいがちです。それでも理想に届かないと承認欲求が他人に向かい、他人の評価に依存するようになります。このほか、「話を盛る」「人の話を聞かない」「同意をひんぱんに求める」なども、自己承認欲求が強い人の特徴です。

自己承認欲求は誰もがもっていますが、強すぎると人間関係に悪影響を及ぼします。ありのままの自分を認め、自分を大切にしましょう。

活かす！ 心理テクニック

理想を下げてみよう

高すぎる理想は悩みのもと。「全員に好かれたい」という理想を「5人中1人に好かれたら十分」に引き下げたらぐっと楽になります。理想を実現するためにがんばった自分を褒めることも忘れないようにしましょう。

ガミガミ
あんな言い方しなくてもいいのに…！
ん？どうしたの？なんかあった？
イラ イラ
…なんでもないよ！
キッ
そっか…なんか余計なこと聞いちゃったね
ごめん ごめん
あ！ひどい態度とっちゃった…
ず〜〜ん…

16
他人と付き合う

親切を素直に受け取れない

声をかけてくれたのに、そっけなくしてしまう

置き換えや羞恥心《しゅうちしん》からそっけなくしてしまう

自分が不機嫌だったり、落ち込んだりしているときに「大丈夫？」「なにかあった？」と気づかってくれる人がいるのはうれしいものです。けれど、つい「別に」「なんでもありません」とそっけなく答えてしまい、後悔した経験はありませんか？

せっかくの親切に対して、なぜ冷淡な態度をとってしまうのか。理由はふたつ考えられます。

1つ目は「**置き換え**」です。置き換えは、**不快な感情や欲求を、本来の対象とは別の対象で発散する心理**のこと。あなたの感情を害した人には仕返しができないので、たまたま声をかけてきた相手を攻撃することで発散しているのです。端的にいえ

WORD **置き換え**…自分にとって受け入れがたい感情や欲求、願望などを、本来の対象ではなく、別の対象に向けることで解消を図る心のはたらき。

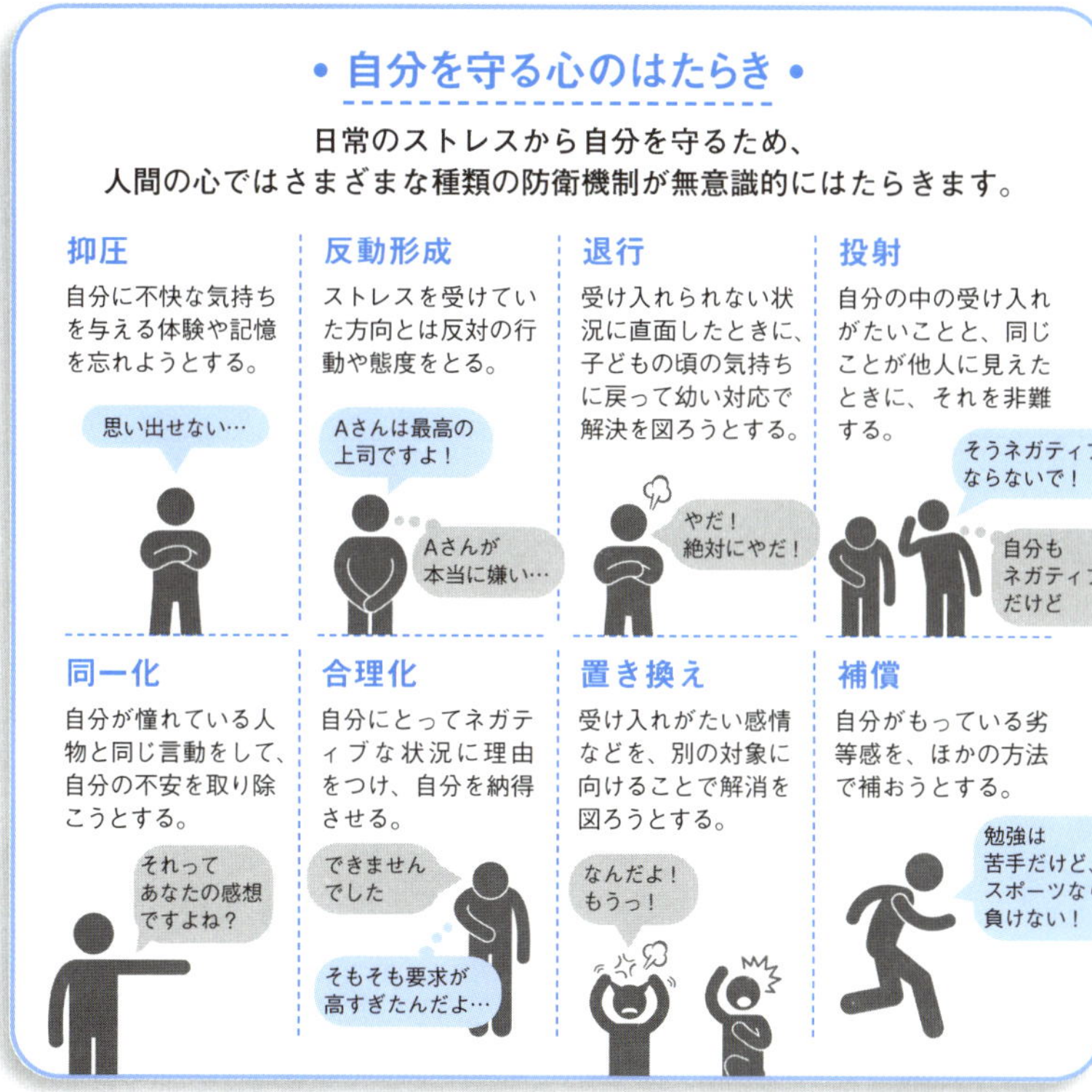
自分を守る心のはたらき
日常のストレスから自分を守るため、
人間の心ではさまざまな種類の防衛機制が無意識的にはたらきます。
抑圧
自分に不快な気持ちを与える体験や記憶を忘れようとする。
思い出せない…
反動形成
ストレスを受けていた方向とは反対の行動や態度をとる。
Aさんは最高の上司ですよ！
Aさんが本当に嫌い…
退行
受け入れられない状況に直面したときに、子どもの頃の気持ちに戻って幼い対応で解決を図ろうとする。
やだ！絶対にやだ！
投射
自分の中の受け入れがたいことと、同じことが他人に見えたときに、それを非難する。
そうネガティブにならないで！
自分もネガティブだけど
同一化
自分が憧れている人物と同じ言動をして、自分の不安を取り除こうとする。
それってあなたの感想ですよね？
合理化
自分にとってネガティブな状況に理由をつけ、自分を納得させる。
できませんでした
そもそも要求が高すぎたんだよ…
置き換え
受け入れがたい感情などを、別の対象に向けることで解消を図ろうとする。
なんだよ！もうっ！
補償
自分がもっている劣等感を、ほかの方法で補おうとする。
勉強は苦手だけど、スポーツなら負けない！

ば八つ当たりですが、**置き換えは自分を守る防衛機制*のひとつ**です。

2つ目は、心のうちを悟られたくないからです。不安や怒りといったネガティブな感情を察知されたことが気恥ずかしく、そっけない反応をしてしまったと考えられます。

どのような理由があるにしても、わざわざ声をかけてくれた相手を傷つけるのは、あなたの本意ではないはず。冷淡な態度をとったことをまずは謝り、自分の気持ちを素直に話してみてはどうでしょうか。

豆知識　いろいろな置き換え

上司に叱られた社員が部下や家族を怒鳴る、親に叱られた子どもが物を叩いたり蹴ったりする、浮気された人が浮気したパートナーではなく浮気相手に怒る。これらはいずれも置き換えです。

WORD **防衛機制**…ストレスから心を守るためのはたらき。自己防衛反応ともいう。負の体験や感情を忘れようとする「抑圧」、欲望が叶わないときに合理的な理由で自分を納得させる「合理化」などがある。

上手にまわりを頼ってみよう

他人に頼らずに自分で解決しようとする姿勢は立派ですが、それが自分をツラくすることもあります。ここでは、頼ることが苦手な理由と、上手に頼るコツを紹介します。

なぜ頼れないのか？

他人に頼るのが苦手な理由には、次のようなものが考えられます。責任感が強い人、完璧主義の人、相手の反応に敏感な人は、他人に頼るのが苦手な傾向が強いといえます。

他人を頼れないワケ

- 他人に迷惑をかけたくない。
- 自分の弱さやかっこ悪いところを見せたくない。
- 「自分でなんとかしないと」と思ってしまう。
- 他人に頼るより、自分でやったほうがよいと考えてしまう。
- 頼ることで他人とかかわるのが面倒に感じる。
- 他人を信用できない。
- 「断られるかも」「嫌がられるかも」と思ってしまう。

など

「頼る」にはさまざまなメリットが！

他人に頼ることに負担を感じる人もいるかもしれませんが、実は、頼ることが相手のメリットになるケースもあります。例えば、頼られた相手は「自分は信頼されているんだ」と感じます。その結果、相手の自己評価が上がることもあるのです。

他人を頼るメリット

- 仕事や家事などの作業効率が上がり、自分の負担やストレスが減る。
- 頼られた相手は「信頼されている」「認められている」と感じるため、自己評価が上がる。
- 頼ったことがきっかけで相手とのコミュニケーションが円滑になり、良好な人間関係を築ける。
- 課題や困難をともに乗り越えることで、お互いに成長できる。

など

上手な頼み方

相手を不快にしない上手な頼み方を覚えて、頼ることへの苦手意識を克服しましょう。

POINT 1

理由も合わせて伝える

人にお願いごとをするときは、理由も合わせて伝えると承諾が得られやすくなります。心理学者エレン・ランガーの実験によると、図書館でコピーをとっている人に対して「先にコピーをとらせてくれませんか」といった場合の承諾率は60％でした。しかし、「急いでいるので」というひと言をつけ加えると、承諾率は94％になったそうです。

POINT 2

「1分だけでいいので」という

お願いごとをするときは、小さいお願いごとから切り出しましょう。話を聞いてほしいなら、まずは「1分だけでいいので」「3分で済みます」と伝えるのです。すると、相手の心理的なハードルが下がり、頼みごとを引き受けてくれる可能性が高くなります。これは「イーブン・ア・ペニー・テクニック」と呼ばれる交渉テクニックです。

POINT 3

相手の自尊心をくすぐる

相手の自尊心をくすぐるのも効果的です。「○○さんが以前に作成された資料がとてもわかりやすかったので、ぜひ○○さんにお願いしたいんです」という具合に、「あなただから頼みたい」という気持ちをきちんと伝えると、相手が気をよくしてイエスという可能性が高くなります。

連絡がないと不安になる

相手からのメールをひんぱんにチェックしてしまう

相手に依存しているかも？ 健全な関係を心掛けよう

友人や恋人からの返信がないか、スマホを何度もチェックしていませんか？ 仕事中や誰かと一緒にいるときでも、返信が気になってしまう人は、**人間関係嗜癖《しへき》に起因するメール依存**の可能性が考えられます。

嗜癖とは依存のことで、英語ではアディクションといいます。日常生活や人間関係に悪い影響が出るとわかっているのに、なかなかやめられない…。この状態が嗜癖《しへき》です。嗜癖《しへき》はその対象によって、アルコールやタバコなどに依存する**物質嗜癖《しへき》**、ギャンブルやゲーム、インターネットなどに依存する**プロセス嗜癖《しへき》**、特定の相手に依存する**人間関係嗜癖《しへき》**の3つに分類できます。

WORD **人間関係嗜癖《しへき》**…特定の相手との関係に依存している状態。関係嗜癖《しへき》ともいう。相手を優先しすぎて自分自身を見失ったり、相手に支配されるような危険な状況を招いたりするおそれがある。

スマホ依存度をチェック

下の10個の質問に答え、合計が31点以上となった場合、「スマホ依存の疑いがある」ので、スマホの使い方を見直しましょう。

まったく違う➡1点　違う➡2点　どちらかというと違う➡3点
どちらかというとその通り➡4点　その通り➡5点　まったくその通り➡6点

1	スマホの使用のため、予定していた仕事や勉強ができない。	点
2	スマホ使用のため、（クラスで）課題に取り組んだり、仕事や勉強をしていたりするときに、集中できない。	点
3	スマホを使っていると、手首や首の後ろに痛みを感じる。	点
4	スマホがないと我慢できなくなると思う。	点
5	スマホを手にしていないと、イライラしたり、怒りっぽくなったりする。	点
6	スマホを使っていないときでも、スマホのことを考えている。	点
7	スマホが毎日の生活にひどく悪影響を及ぼしていても、スマホを使い続けると思う。	点
8	SNSでほかの人とのやりとりを見逃さないために、スマホを絶えずチェックする。	点
9	（使う前に）意図していたよりもスマホを長時間使ってしまう。	点
10	まわりの人が、自分に対してスマホを使いすぎているという。	点
	合計	点

（「Kwon M et al. PLoS ONE, 2013. 邦訳:久里浜医療センター」より作成）

スマホを見るべきではないとわかっている状況でも返信の有無を確かめてしまうのは、その友人や恋人に依存してしまっているせい。また、返信がいつ来るかわからない状態はギャンブルにも通じるワクワク感があるので、依存性が強まるのです。

依存が強まって日常生活に支障が出る**「依存症」の段階に進んでしまうと、自力で抜け出すのは困難**です。そうなる前に、現在の相手との関係は健全ではないことを自覚し、適度な距離を保つようにしましょう。

活かす！　心理テクニック

物理的に距離を置いてみる

「返信をチェックしてはいけない」と思うと、かえってチェックしたくなるものです。返信を確認したくなったら、スマホを置いたまま散歩をするなど、スマホと物理的に距離を置くようにしましょう。

DVを受けても離れられない

互いに依存する関係に注意

ただいま…
……どこ
行っていたの
キッ
彼
氏
えっと…
友達とランチに…
聞いてないよね
ご、ごめんなさい…！
どこかに行くときは
伝える約束
破ってしまって…
わかればいいんだよ
ほら、なにかあったら
危ないじゃん？
ニコッ
気をつけて
う、うん…
ほんとごめんね

別れられない理由は共依存とダブルバインド

DV（ドメスティックバイオレンス）とは、親密な関係にある人からの虐待のことです。身体的暴力だけでなく、言葉や態度による暴力、金銭的な自由を奪う暴力、性行為の強要も虐待に含まれます。

DVの被害者が加害者と別れられない理由のひとつは**共依存**です。共依存とは、お互いがお互いに依存している状態のこと。**被害者は虐待を受けながらも、「加害者には自分が必要なんだ」と思うことで自分の存在意義を見出しているため、加害者との関係を断ち切れない**のです。

ダブルバインドも理由のひとつです。ダブルバインドとは**ふたつの矛盾したコミュニケーションで相手を**

WORD **共依存**…特定の人との関係にとらわれている状態。「相手には自分が必要だ」と思うことで自分の存在意義を見出そうとする。自分の存在意義が危うくなるため、相手と離れられなくなる。

職場や学校でも見られる共依存

ある特定の人同士がお互いに依存しあう「共依存」の関係は、家庭内などだけでなく、職場や学校などでの人間関係でも起こります。

DVをおこなう人の特徴

- 自分の思い通りになるようにはたらきかける
- 相手が離れられないようにしむける
- 周囲を否定しない人でそろえる
- 弱さを見せることで世話をさせる
- 束縛する
- 本当は自分に自信がない

無意識に
相手を支配する

共依存の関係

DVを受ける人の特徴

- 自分よりも相手を優先してしまう
- 人の役に立つことこそが自分の生きがい
- 嫌われることが不安
- 他人の世話をしてしまう
- 自分で決断できない
- 自分に自信がない

無意識に
支配されることによる安心感を得る

しばることです。DV加害者は、「愛している」「二度と暴力は振るわない」といったやさしくてポジティブな言動と、暴力や暴言などのネガティブな言動という矛盾したコミュニケーションをくり返します。これは**被害者に強いストレスと混乱をもたらし、その結果、被害者は加害者から逃れられなくなる**のです。

DVから逃れるには、第三者の介入と加害者から距離をとることが必要です。警察や行政が設ける相談機関などにすぐに相談しましょう。

豆知識　DVサイクル

DV加害者は、被害者へのイライラが募る「緊張期」、被害者を虐待する「爆発期」、被害者に謝罪と愛情の言葉をかける「ハネムーン期」の3つの周期をくり返します。これを「DVサイクル」といいます。

WORD **ダブルバインド**…ふたつの矛盾するメッセージをくり返し受けることでストレスを感じたり、混乱したりすること。人類学者のグレゴリー・ベイトソンが提唱した。日本語では「二重拘束」と訳される。

周囲になかなかなじめない

グループになじめず、自分だけ浮いている気がする

所属する集団の集団規範が肌に合わない

職場や学校などで「自分だけなじめない」と感じている人もいるのではないでしょうか？　所属している集団になんとなく違和感を覚えてしまう理由は、ふたつ考えられます。ひとつは、あなた自身に原因があるケース。もうひとつは、**集団規範***が**生理的に合わない**ケースです。

どのような集団にも、所属しているメンバーが従うべきルールがあります。これを**集団規範**といいます。集団規範は、就業規則や校則のように明文化されているものもあれば、「準備や片づけは新人がおこなう」というような〝暗黙のルール〟もあります。

集団規範はメンバーの結束力や生

WORD **集団規範**…集団が意識的または無意識的に決めたルールや行動基準のこと。集団に属する全メンバーに適用される集団規範もあれば、一部のみに適用される集団規範もある。

・自分に影響を与えるさまざまな集団・

**社会心理学者のフレンチとレイブンは、
自分に対して社会的に影響を与える集団を５つに分類しました。**

報酬勢力

金銭など経済的な報酬を提供できると認知された集団。報酬を欲する程度が高まるほど、その集団の力が強くなる。

例 勤務先企業・取引先企業など

専門勢力

特定の分野において、卓越した知識や能力をもっていると認知された集団。

例 医師・弁護士・その他の専門家など

準拠勢力

「この人のようになりたい」と親しみや好意を向けられた人が影響を与える集団。

例 教師・サロンオーナー・芸事の師匠など

強制勢力

同調しないと、身体的あるいは精神的に苦痛を与えられると認知された集団。苦痛が自分にとって有害であるほど、この集団の影響力は大きくなる。

例 行政・警察など

正当勢力

社会的なルールや、特定の価値や役割などを与えられた人が影響を与えている集団。

例 宗教団体など

集団に属すると、たとえ自分と意志が異なることがあっても、反対意見を投じることが難しく感じる「集団思考」に陥《おちい》りやすい。自分の意見を述べる際には、根拠などとともに主張することが有効だ。

産性の向上に役立ちますが、守らない人に対しては、**集団規範から逸脱させまいとする集団圧力*（▼P95）となってプレッシャーをかけ続けます。**

集団規範が合わない場合は、グループを抜けたり、集団規範を変えたりすることが解決法のひとつです。ただ、それができないときは、**あえて歩み寄る**のもひとつの手です。**会話を重ねていくと、相手の違う面が見えて好意的な印象をもてる**ようになったり、自分と同じように感じている人が見つかることもあります。

豆知識

集団規範と自己意識

私的自己意識（▼P82）が強いと集団規範に違和感を覚えやすく、集団になじみにくい傾向があります。一方、公的自己意識が強いと、集団の中にいても違和感をまったく抱かないことがあります。

WORD **集団圧力**…集団のメンバーに対して向けられる、「集団規範には従うべき」という心理的なプレッシャーのこと。斉一性の圧力（▶P94）もほぼ同じ意味で使われる。

集団でうまくやっていくには

学校や会社で集団になかなか溶け込めず、悩んでいる人は少なくありません。どうすれば集団でうまくやっていけるのかについて、考えてみましょう。

CASE 1 集団でのふるまい方がわからない

集団の中でどうふるまったらいいのかわからない

集団にいると孤立してしまうことが多い

対処法 集団のメンバーには、なにかしらのポジションと役割が与えられ、それにふさわしい行動が求められます。これを「役割期待」といいます。役割期待にそむいて自分勝手にふるまうと、集団で孤立してしまいかねません。まずは、集団の人間関係を観察し、自分のポジションと役割を見極めましょう。また、人は役割期待にふさわしい行動をとる傾向があります。これを「役割効果」といいます。役割期待を意識できれば、集団でのふるまい方が自然と身につきます。ただし、自分が望まない役割でツラければ、その役から降りましょう。

CASE 2 いつもどおりにふるまえない

「周囲に合わせないと！」と思うのに、緊張しすぎてなにもできなくなってしまう

積極的に参加しようとするあまり、ハイテンションになって周囲に引かれてしまう

対処法 公的自己意識（▶P 82）や対人認知の欲求（▶P 86）が強い人は、集団だといつもとは違った言動をしがちです。これは、周囲の目を気にして「いいところを見せなくちゃ」「自分をアピールしていかないと」と考えてしまうから。その結果、過度に緊張したり、ハイテンションになったりしてしまうのです。気をつかいすぎて疲れてしまう人もいます。いずれにしても、人は他人をそれほど気にしていないものです。あまり気負わないようにしましょう。「大勢でいると緊張しちゃって…」と、集団が苦手なことを伝えておくのも手です。

CASE 3 「自分をわかってもらえない」と感じる

学校の友達や職場の仲間、恋人、家族などと一緒にいても、居心地の悪さを感じたりする

大切な人と一緒にいても、「自分をわかってもらえない」と感じてしまう

対処法 「自分はここにいてもいいんだ」という所属感を得られないのは、集団への理想が高すぎるのが原因かもしれません。「仲間なんだから、みんなと平等に仲良くすべき」「恋人なんだから、すべてをわかり合えるはず」といった理想をもっていると、現実とのギャップにとまどい、違和感や孤独を覚えてしまうのです。完璧な人間がいないように、完璧な集団は存在しません。その事実を認めるだけでも、集団での居心地がぐっとよくなります。

CASE 4 大勢での会話についていけない

1対1や少人数での会話なら楽しめるが、大勢での会話が苦手

会話の流れにうまく乗れなくて自己嫌悪に陥《おちい》ってしまう

対処法 大人数での会話は、発言者の内容を理解する、ほかの人の反応を観察する、発言のタイミングをうかがう、発言内容を精査するといったマルチタスクです。複数の作業を同時におこなうと、人の脳は非常に疲れます。つまり、大人数での会話にが苦手なのは、実はごく自然なことなのです。大人数での会話が苦手なら、発言するよりも「聞き役に徹しよう」と考えると気持ちが楽になります。さらに、「わかる！」「そうなんだ！」などといったり、うなずいたりすると、場の雰囲気がよくなります。

見返りを期待してしまう

見返りを求めてしまうが、そんな自分に落胆もする

報酬と費用の交換で人間関係は成立している

親切にした相手がお礼もいわなかったら、「ありがとうくらいいえばいいのに…」と思ってしまいますよね。一方で、感謝の言葉を期待した自分を恥じる人もいるかもしれません。

私たちは普段、費用を払って商品を購入し、労力を売って賃金という報酬を得ています。社会学者のジョージ・ホーマンズは、**人間関係も同じように「報酬」と「費用」の交換によって成り立っている**と提唱しました。これを**社会的交換理論**といいます。社会的交換理論に従えば、親切に見返りを求めるのはごく自然な心理であり、見返りを期待した自分を恥じる必要はありません。

ただ、「報酬」には、他人を助け

WORD **社会的交換理論**…あらゆる人間関係や社会的行動の原理は、報酬と費用の交換であると考える理論。アメリカの社会学者ジョージ・ホーマンズが提唱した。

・人は交換する生き物・

社会学者のホーマンズは社会的交換理論を提唱し、
あらゆる行動は報酬とコストの交換であると考えました。

社会的交換理論

コストを報酬が上回ると利益となり、人はこの利益を最大にしようとする傾向があるとした。

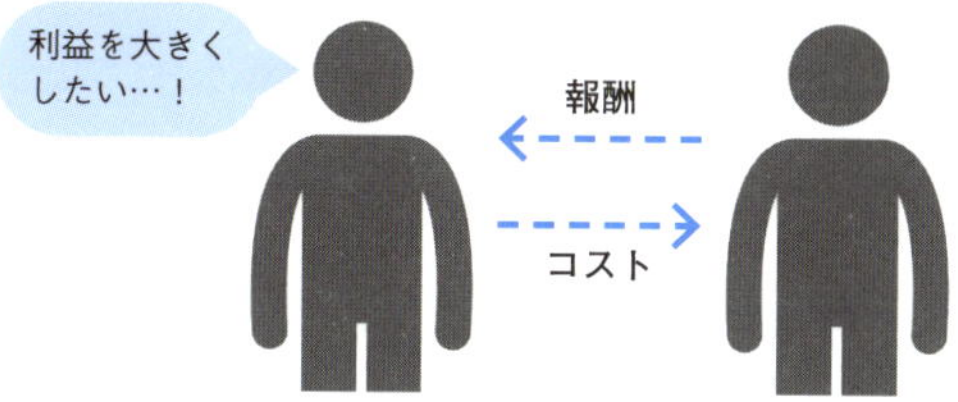

交換される６つの要素

社会心理学者のU・G・フォアとE・B・フォアは、報酬とコストになるものの具体例は、「愛情」「サービス」「物品」「金銭」「情報」「地位」の６つだと考えた。

愛情	サービス	物品
愛情や賞賛など	業務などの身体的な活動	有形のもの

金銭	情報	地位
貨幣など	知識や意見など	役職などの社会的地位

たことで得られた満足感も含まれます。つまり、**たとえ「ありがとう」といわれなくても、他人を助けたときに喜びや達成感があったのであれば、報酬はすでに得ている**といえるのです。

　また、「情けは人のためならず」といいます。このことわざは、「人にかけた情けは、めぐりめぐっていつか自分自身に返ってくる」という意味です。見返りは長いスパンで考えると、気持ちが少し楽になります。

豆知識　社会的交換理論における報酬

　社会的交換理論における報酬には、お金や物品以外に、感謝や信頼、尊敬、愛情、好意、サービス、情報、地位などが含まれます。また社会的交換理論によると、人間には、できるだけ少ない費用で、できるだけ大きな報酬を得ようとする傾向があります。

21
他人と付き合う

本当は嫌なのに断れない

便利に使われてしまうこともあるので注意

相手を不快にさせない断り方をマスターしよう

仕事で頼みごとをされたときや、プライベートでお誘いを受けたりしたときなど、本当は嫌なのに断れないのは**社会志向性**が高いからです。社会志向性とは、周囲にうまく適応したいという気持ちのこと。対となる概念は「**個人志向性***」です。

社会志向性が高い人は、他人と良好な関係を維持する、ルールを守る、集団における自分の役割を遂行するといった特性があり、集団になじみやすいのが強みです。しかし、行きすぎるとなんでも引き受けてしまい、ストレスを抱えがちになります。また、周囲の人から便利に使われてしまうこともあります。

本当は嫌なのに断れずに悩んでい

WORD **個人志向性**…自分の価値観などを尊重して個性を活かした生き方をしたいという気持ちのこと。自己実現を目指す傾向が強い、自立性が高い、目標達成のモチベーションが高いなどの特徴がある。

• 気持ちの伝え方4つのパターン •

私たちは人とコミュニケーションをとる際、相手のいうことに対して、さまざまな反応を日常的におこなっています。次の４つの例を見てみましょう。

① 非主張的反応

常に相手を優先するあまり、自分の気持ちや考えを表現しなかったり、しそこなったりして、自分を押し殺してしまう。

これ、やって
もらえる？
わかりました…

② 間接的反応

言動的には攻撃的な反応はせず、間接的、あるいは姿勢で攻撃的な主張をする。

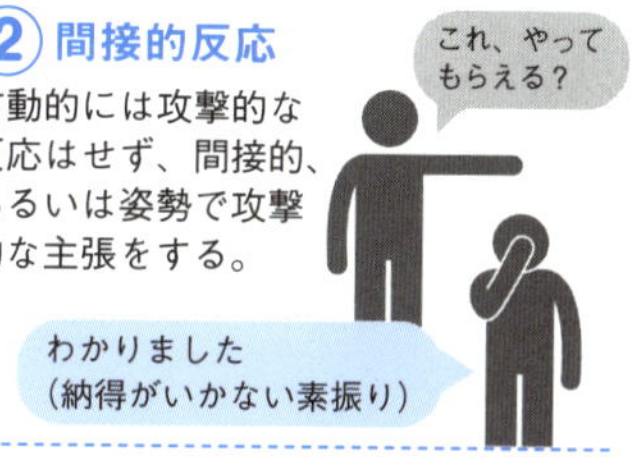
これ、やって
もらえる？
わかりました
（納得がいかない素振り）

③ 攻撃的反応

自分が正しいと断定し、自分の意見をはっきりと表現する一方、相手の言い分や気持ちを無視、または軽視して相手に自分の主張を押しつける。

これ、やって
もらえる？
そんなの自分で
やってください！

④ 主張的反応

自分の状況を伝えながらも、相手にも配慮した表現で、建設的な議論を試みる。

これ、やって
もらえる？
別の業務があるので、
そのあとでよろしいですか？

コミュニケーションをとるなかで、「相手のいうこと」を聞くことも重要だが、「自分の主張」をしっかりと伝えることも同じくらい重要。そのため、主張的反応を心掛けて、相手と信頼関係を築くことが大切になる。

る人は、相手を不快にさせることなく断るテクニック**「アサーティブ（主張的反応）」**を覚えましょう。アサーティブは、**相手も自分も尊重する自己主張法**です。例えば、許容量を上回る仕事を急に振られたら、「申し訳ありません。今はA社の案件で手一杯ですので、A社の案件が一段落したあとでもよろしいでしょうか？」と伝えてみてください。**自分の状況を説明して終わるのではなく、代案を出すことで相手への配慮を示**し、嫌な空気にならずに前向きな解決策を導き出せるはずです。

活かす！ 心理テクニック

イエス・バット法もおすすめ

上手に断りたいときは、相手の意見や提案を肯定してから自分の意見を続けるイエス・バット法も有効です。例「ぜひお手伝いしたいのですが、明日でいいでしょうか」

相手の本音に気づいて、うまく付き合う

よい人間関係を築こうとしても、なかなか相手の本音がわからず、逆に気をつかいすぎてしまうことも。そんなときは、相手のしぐさに注目してみましょう。

「本音」は顔や動きに出る

相手の本音が気になったら、言葉よりもしぐさや表情に注意してみましょう。言葉はとりつくろうことができますが、表情やしぐさはなかなかとりつくろえないからです。周囲の気持ちに敏感な人は、相手のささいな変化を見つけるのも上手なはず。ぜひ試してみてください。

視線

「目は口ほどにものをいう」という言葉があるように、目はさまざまなサインを発しています。

- **視線をそらす**
  後ろめたさや恐怖を感じている可能性がある。
- **視線を送る、合わせる**
  相手に関心があって反応をうかがっている。

手・腕

手や腕の動きにも、その人の内心があらわれることがあります。注目してみましょう。

- **相手を指さす**
  自分を大きく見せたい、優位に立ちたいと思っている。
- **手を隠す、腕を組む**
  不安や警戒心のあらわれ。
- **顔や顔のまわりをよくさわる**
  緊張や不安を感じている可能性がある。

足

足の開き方や組み方からも、相手の考えていることをある程度は推測できます。

● **足を組む・閉じている**
自信がなく警戒している。

● **足を大きく広げる**
リラックスして相手に心を開いている。

● **貧乏ゆすり**
不満やストレスを感じている。

姿勢

本心は姿勢にも出ます。相手の気持ちを知りたいときは、姿勢もチェックしてみましょう。

● **相手に対して前傾している**
相手や相手の話に興味がある。

● **相手に対して後傾している**
相手や相手の話に興味がなく、退屈している。

そのほか

● **つばを飲み込む**
ウソをついている可能性がある。

● **あいづちをひんぱんに打つ**
話を早く終わらせたいと思っている可能性。

他人に感情移入しすぎる

他人の感情をまるで自分のことのように感じる

心の壁が薄いHSPの人たち

他人の感情や境遇が自分のことのように感じられてツラくなる。そんな経験がある人は、**HSP**かもしれません。HSPは心理学者のエレイン・N・アーロンが提唱した概念で、**①情報をより深く処理する ②刺激に敏感 ③感情反応が強く共感性が高い ④ささいなことにも気づく**の4つの特性をもつとされています。

HSPがこうした特性はまるで、普通の人の心の壁が厚い鉄筋コンクリート造だとすれば、**すきまだらけの薄い壁のよう。周囲の音が丸聞こえで、プライバシーも守られていないような状態**です。その結果、普通の人であればなにも感じない状況にも敏感に反応してしまい、ストレス

WORD HSP…Highly《ハイリー》 Sensitive《センシティブ》 Person《パーソン》の略。日本語では「敏感すぎる人」「繊細すぎる人」と訳される。HSPは、5人に1人の割合で存在するといわれる。なお、HSPは「病気」ではなく「特性」である。

毎日が生きづらい…

心理学者のアーロンは、とても敏感な人を「HSP」と名づけ、次のような特徴を定義しました。

HSPにはどんな特徴がある？

刺激をより強く受けやすい

HSPの人は外部からの刺激に敏感なため、五感で受ける刺激に強く反応する傾向がある。

共感力が高い

周囲の人の感情を読み取る能力が高く、そのため必要以上に自分も他人の感情の影響を受けやすい。

情報を深く分析しすぎる

情報を読み取ることが得意であるが、納得いくまで考えすぎるため、必要以上に疲弊する。

ささいなことに気づく

わずかな変化にも敏感に気づく傾向があるため、他人が気にしないようなことにも気をとられてしまう。

HSPはさらに4つに分類される

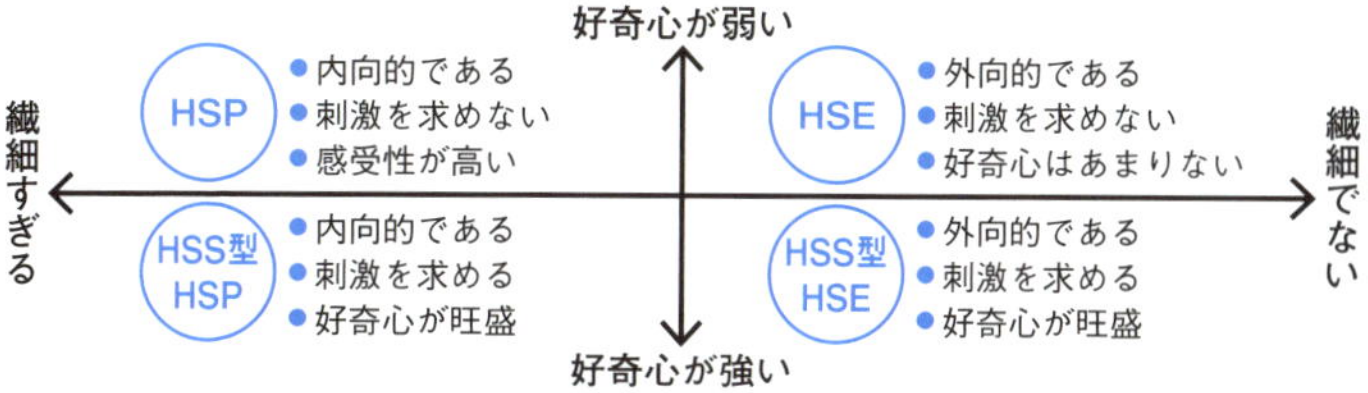
好奇心が弱い
好奇心が強い
繊細すぎる
繊細でない
HSP
内向的である
刺激を求めない
感受性が高い
HSE
外向的である
刺激を求めない
好奇心はあまりない
HSS型HSP
内向的である
刺激を求める
好奇心が旺盛
HSS型HSE
外向的である
刺激を求める
好奇心が旺盛

や不安を感じてしまうのです。また、ネガティブ思考になりやすく、生きづらさに悩む人も少なくありません。

HSPの人におすすめしたいのは、日々を快適に過ごす方法を見つけること。**一人になれる静かな環境を見つける、予定を詰めすぎないなど、自分なりの対処法を身につけましょう。**そうすれば生きやすくなるだけでなく、他人の感情に気づいて配慮できる、注意深く慎重に作業できる、芸術を深く味わえるといった強みも発揮できるようになるはずです。

豆知識　行動や考え方は変えられる

光や音、におい、感情や雰囲気に対する「感じ方」を変えるのは簡単ではありません。けれど、感じたあとの「行動」や「考え方」は変えられるはず。周囲、そして自分との向き合い方を考えてみましょう。

その場しのぎのウソをつく

とっさに他愛もないウソをついてしまう

お疲れ！
この前渡した資料
読んでみた？
やばい！
忘れてた…！
えーっと…
軽く目は
通しました！
そっか！
なんかわかんない
とこあった？
いまのところは
大丈夫です！
OK！
じゃあその内容で
明日までに
企画書作っといて！
え…あ…はい！
なんで
ウソついちゃったん
だろう…

罪悪感、劣等感から一刻も早く逃れたい

頼まれた仕事にまだ取りかかっていないのに、進捗を聞かれてつい「もうすぐできそうです」とごまかしてしまった。寝坊で遅刻したのに「電車が遅れて」ととっさにいってしまった。そんな経験はありませんか？

このように**その場しのぎのウソをついてしまうのは、逃避の心理がはたらくから**です。ウソをついた当人には、「仕事にまだ取りかかれていない」「寝坊してしまった」という**罪悪感**があります。また、**劣等感**が強い人は、相手にはそんなつもりはなくても「責められている」と感じやすい傾向があります。この**罪悪感や劣等感といった感情から一刻も早く逃がれて楽になりたいと思った結**

WORD **罪悪感**…「罪を犯してしまった」「悪いことをしてしまった」と思う気持ち。自尊感情が低いと、自分が原因でないことに対しても罪悪感を抱きやすい。

・とっさにウソをついてしまう・

悪意がないにもかかわらず、
とっさにウソをついてしまう心理には次のようなものがあります。

ウソに見る自分の心理

自分を守りたい
自分に落ち度があるものの、自分の尊厳を守ろうとする気持ちがはたらき、ウソをついてしまう。本能的にウソをついてしまうため抑えることが難しい。

自分を大きく見せたい
プライドを守るため、自分を大きく見せようという気持ちがはたらき、ウソをつく。自分に自信がない場合や自分の短所を隠したいという気持ちもはたらく。

利益を得たい
他人をだまし、利益を得ようとする気持ちがはたらき、ウソをついてしまう。

他人を守りたい
他人を守りたいとう気持ちがはたらき、ウソをついてしまう。

ウソをつかないためには…

比較しない
自分を他人と比較し、虚勢を張ろうとウソをついてしまうため、他人との比較をやめる。

常に謙虚でいる
特別視されたい欲望からウソをついてしまうため、謙虚さを失わないようにする。

好かれようとしない
他人に好かれようと、他人にとっての理想像を実現しようとしてウソをついてしまうため、全員から好かれようとするのをやめる。

自分を受け入れる
どのようなウソをつくときも、現実とは異なる結果を得たい欲望からウソをついてしまうため、現実を受け入れるようにする。

果、思い浮かんだウソをそのまま口**にしてしまう**のです。

相手を傷つけず、人間関係を円滑にするためにはウソが必要な場合もありますが、その場しのぎのウソは事態を悪化させる可能性が大です。ささいなウソでも、くり返せば信頼関係に影響します。**ウソをつく前にまずは素直に謝罪し、現状を報告しましょう。**そして、自分のミスを挽回する方法を考えて実行に移しましょう。大きな問題に発展しそうなときは、周囲に相談することも大切です。

豆知識 知ったかぶりは好感度減

「それ、知っている」という人よりも、「知らない。教えて！」という人のほうが好感をもたれやすいといえます。知らない話題を振られたとき、知ったかぶりをするよりも、素直に教えてもらうとよいでしょう。

WORD **劣等感**…自分は他人よりも劣っていると思う気持ち。劣等感が強いと、相手にはそんなつもりはなくても、「責められている」と感じやすい。

プレッシャーで緊張しやすい

プレッシャーに弱く、うまく動けない

今日は念願の推しと話せる「お話し会」…！
緊張しちゃダメだよ私！まず新曲の感想を伝えて出演ドラマの感想もいって聖地巡礼したことも伝えて…！
では次の方～
こんにちは！
本物‼
うわぁぁぁ!!!
ドキーン
…はい お時間でーす
次の方
えっ
結局、なにもいえなかった…

緊張するのは悪いことばかりではない

プレッシャーに弱いことに悩んでいる人も多いのではないでしょうか。ヤーキーズ・ドッドソンの法則*によると、**不慣れなことに関しては、緊張や不安が強すぎるとパフォーマンスが低下してしまう**といいます。一方で、慣れていることをするときには、適度な緊張や不安があったほうが成果を出しやすいそうです。つまり、緊張するのは悪いことばかりではないのです。

緊張とうまく付き合いたいなら、まずは気負いすぎないようにしましょう。**緊張する理由のひとつに、「自分をよく見せたい」という気持ちがあります**。自分に対する評価が厳しい人も緊張しやすいので、「失敗し

WORD **ヤーキーズ・ドッドソンの法則**…緊張や不安といったストレスが適度な状態のとき、人はもっともパフォーマンスを発揮できるとする法則。心理学者のロバート・ヤーキーズとJ・D・ドッドソンが発見した。

• 緊張が自分を高める？ •

緊張は私たちの心にストレスを与え、できれば避けたくなるものです。しかし、緊張は私たちにポジティブな効果をもたらすこともあります。

緊張が最高のパフォーマンスを引き出す

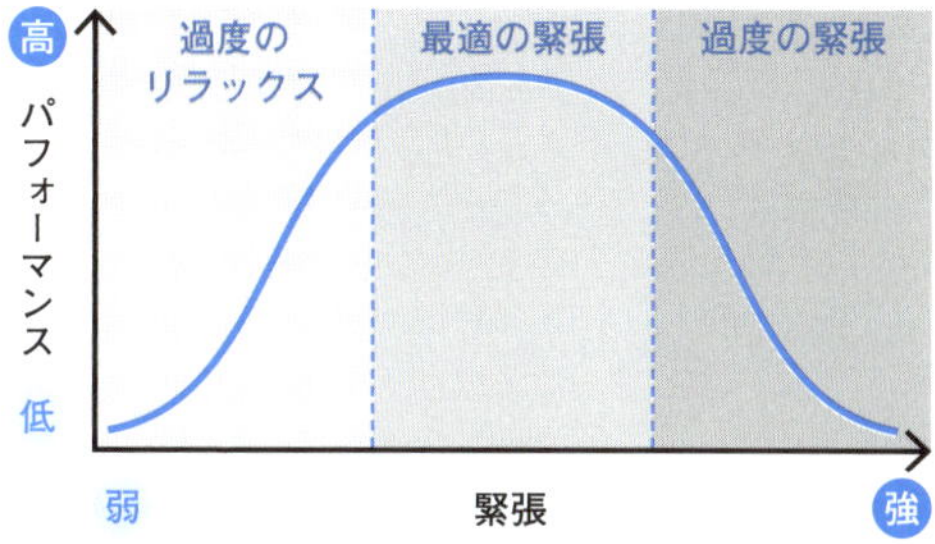

過度に緊張したり、リラックスしすぎたりするとパフォーマンスは下がるが、一定の緊張があることで最高のパフォーマンスが引き出せることをヤーキーズ・ドッドソンの法則は示した。

緊張を味方につける考え方

失敗しても大したことない
「失敗も単なる過程」ととらえることで、「失敗」という結果にとらわれることなく考えることができる。

100点でなくてもOK
完璧を目指すとささいなミスが気になり、より硬直した考え方にとらわれる。完璧を目指しても完璧にはならない。ミスを許容することで、心に余裕をもつことができる。

緊張するのが当たり前
「緊張するのが当たり前」と考えることで、たとえ緊張状態に陥《おちい》っても「想定内のことだ」と落ち着いて対応できる。

ても大したことない」「10点満点中3〜4点くらいならOK」と考えるようにすると緊張が和《やわ》らぎます。

事前練習も有効です。どんなことでも人は慣れるもの。人前でのスピーチが苦手なら、家族や友人に協力してもらって実際に人前でスピーチする練習をしておくと、本番の緊張を乗り越えられるでしょう。なお、**「緊張しちゃだめだ」と思うのは逆効果**。「ワクワクしてきた」「集中力が高まってきた」と思うようにすると緊張を力に変えることができます。

活かす！ 心理テクニック

それでも緊張したら…

緊張してしまったら、「緊張しちゃって」と周囲に伝えてしまうと気持ちが楽になります。また、緊張すると声がうわずりやすくなります。普段通りの声を出すことを意識するのも効果的です。

「シングルタスク」でいこう

複数の作業をこなす「マルチタスク」。有能に思えますが、実は効率がよくないという研究結果も。ここでは「シングルタスク」のメリットを紹介します。

マルチタスクは実は効率が悪い?

電話に対応しながらメールを打つ、企画書を作成しながらネット閲覧をするなど、日常的にマルチタスクをしている人は多いのではないでしょうか。マルチタスクについて調べたスタンフォード大学の研究があります。研究では、262 人の学生を「日常的にマルチタスクをする人」と「マルチタスクをしない人」に分け、どちらにもシングルタスク、マルチタスクをおこなわせて成績を比較しました。

同じ課題を出すと…　Aのほうが成績が悪かった！

ほとんどの人が、「日常的にマルチタスクをする人のほうが、マルチタスクでいい成績を出すはず」と予想したはずです。ところが実際には、日常的にマルチタスクをする人は、シングルタスクの成績もマルチタスクの成績も悪かったのです。この研究は、マルチタスクは脳の機能を鈍らせ、集中力を低下させる可能性を示唆しています。私たち人間の脳は、どうやらマルチタスクには向いていないようです。

シングルタスクのやり方

仕事を効率よく進めたいのなら、ひとつのタスクに集中するシングルタスクがおすすめです。とくに、HSP の人や、ひとつのことにじっくり取り組みたいタイプの人には、シングルタスクが向いているといえます。

STEP 1

タスクを書き出す

まずはやるべきタスクをすべて書き出す。企画書の作成なら「リサーチ」「資料を集める」「企画書の構成を考える」「企画書を作成する」という具合に、タスクはできるだけ細分化するのがポイント。

STEP 2

優先順位を決める

次に、タスクの優先順位を決める。緊急度の高いタスク、時間がかかるタスクは優先順位を上げ、早めに着手するといい。

STEP 3

目標時間を決める

実際にタスクに取りかかるときは、あらかじめ目標時間を決めておく。「このタスクは10分で終わらせる」と決めておいたほうが、作業スピードが上がる。

STEP 4

通知はオフに

パソコンやスマホの通知は集中を妨げる。メールチェックやスマホはタスクが完了するまでは見ないようにし、通知はオフにしておく。

ふだんの生活でもシングルタスクを!

プライベートタイムでもマルチタスクが習慣になっていませんか？ 「食事をしながらスマホは見ない」「人と会話しているときはスマホを見ない」など、ふだんの生活でもシングルタスクを心掛けましょう。

機嫌をうかがいすぎる

必要以上に機嫌をうかがい、気を引こうとする

人間関係に困難を抱えるパーソナリティ障害

「見捨てられてしまうのではないか」という不安から、必要以上に相手の機嫌をうかがっていませんか? その状態が加速して相手からの返信が遅いだけで絶望したり、自傷行為をほのめかして気を引こうとしたりするようになったら、**境界性パーソナリティ障害の可能性**があります。

個人の思考、感情、行動のパターンといったパーソナリティがほかの一般の人や常識からかけ離れていて、その結果として日常生活や対人関係に持続的に支障をきたす状態を「**パーソナリティ障害**」といいます。境界性パーソナリティ障害はこのパーソナリティ障害のひとつ。**ものごとを「善か悪か」「白か黒か」「0か100か」**

WORD **境界性パーソナリティ障害**…感情の振れ幅が大きく、対人関係が不安定になりやすい。自殺や自傷など、自分を傷害する行動を衝動的にとることがある。

境界性パーソナリティ障害のサインに注意

境界性パーソナリティ障害は自覚できないことも多いため、次の内容をもとに自分を振り返ってみましょう。

二極思考	●「とても幸せ」という気分と、「不幸のどん底だ」という気分を行ったり来たりするなど、感情の動きが激しい。 ●人や物に対して「大好き」「大嫌い」といった極端な思考でとらえる。など
対人関係の障害	●「見捨てられた」と感じ不安になる。 ●ケンカっぱやくなる。 ●安定した人間関係が築けない。 ●他人からの評価がとても気になる。など
自傷・衝動行為	●お酒におぼれる。 ●食べすぎてしまう。 ●自分を痛めつけてしまう。 ●仕事や学業が長続きしない。など

周囲の人は「部分的に」受け止めよう

境界性パーソナリティ障害の傾向がある人と接するとき、その人のことをすべて受け止めようとすると、自分の心が疲弊してしまうことが多い。本人の言い分を「部分的に受け止める」と割り切ることが大切。必要であれば周囲の人や医師に相談することが必要。

でとらえる二極思考、対人関係の障害、自傷・衝動行為などが境界性パーソナリティ障害の特徴に挙げられます。

境界性パーソナリティ障害は8割が女性ともいわれます。とくに20代に多いとされている一方で、30代半ばをすぎると症状が落ち着いてくることが多いといわれています。自分もしくは周囲の人で境界性パーソナリティ障害に思いあたるところがあれば、一人で抱え込まず、専門家に相談しましょう。

豆知識　原因は親子関係や遺伝

境界性パーソナリティ障害の原因は完全には解明されていませんが、乳児期に親から十分な愛情を受けられなかったことが原因のひとつと考えられています。また、遺伝的な要因も大きいとされています。

WORD **パーソナリティ障害**…性格あるいは人格に極端な偏りがあり、社会適応が困難な状態をいう。かつては人格障害と呼ばれたが、最近は「パーソナリティ障害」といい換えられている。

ココロがわかる! 心理テスト 2

あなたは雑誌をどう持っている?

Q 雑誌を1冊だけ手に持ち、5分間とくになにも考えずに歩き回ってみてください。5分後、そのままの姿勢で立ち止まったとき、あなたは雑誌をどのように持っていましたか? 以下のA～Dのうち、近いものを選んでください。

A 雑誌を自分の胸の前に抱えて持っている

B 雑誌を丸めたりして片手に持っている

C 雑誌をそのまま手に持っている、もしくは脇に抱えている

D 雑誌をパラパラめくっている

◀◀◀ この心理テストの解説はP251

PART 3

すべては自分の心次第？
アドラー心理学に見る自分の心

「アドラー心理学」は勇気の心理学と呼ばれ、
日々直面する困難を乗り越えるための考え方を示しています。
アドラー心理学について学び、自分と向き合ってみましょう。

01
アドラー心理学

アドラー心理学ってなに？

「共同体感覚」を育てる心理学

「共同体」の一員と感じて困難を克服していく

悩みには実にさまざまな種類があります。ですが、そのすべては対人関係のうえでの問題だと**アルフレッド・アドラー***は考えました。つまり、問題とは自分自身の内面にあるものではなく、他人との関係の中に生まれる問題を自分が抱えている、ととらえるのです。アドラーによる心理学を**アドラー心理学**と呼びます。

アドラー心理学では、自分が克服すべき問題もありますが、他人が克服すべきものもあり、これをきちんと分けることが重要だと考えます。

ただ、だからといって「まわりから嫌われている」などととらえることは不幸だというのがアドラーの考えです。幸福のために重要なのは、自

WORD **アルフレッド・アドラー**…オーストリア出身の精神科医・心理学者。フロイト、ユングと並び、心理学の三大巨頭の一人ともいわれる。「個人心理学」（＝アドラー心理学）を打ち出した。

共同体感覚とは？

アドラーは、共同体感覚をもつことが心理的な健康を保つために重要だと考えました。共同体感覚には４つのポイントがあります。

共同体感覚

POINT 1　信頼感

仲間を信じることができ、自分もまわりから信じられているという感覚。

POINT 2　所属感

自分の居場所があり、私はここにいてもいいと思える、安心感をともなう感覚。

POINT 3　貢献感

自己犠牲をせずとも、自分が人や社会の役に立ち、貢献していると思える感覚。

POINT 4　自己受容感

不完全な自分や、ありのままの自分に対して肯定的な感情をもてる感覚。

分がそのグループ（**共同体***）の一員だと感じること。これをアドラーは「**共同体感覚**」と呼びました。

共同体感覚とは、**ありのままの自分で所属し、その共同体に貢献でき、信頼されている感覚**のこと。これにより孤独や疎外感を克服することができます。また、他人や自分に対して、困難を克服する力を与える「**勇気づけ**」（▼P184）をすることも可能に。このことからアドラー心理学は「勇気の心理学」と呼ばれることもあります。

豆知識　フロイトとアドラーの決別

アドラーは、精神分析の大家だったフロイトの研究会の一員でした。ところが9年間参加していたものの、考え方の違いから決別。脱会したアドラーは、独自の考えで心理学を追求していくことになりました。

WORD **共同体**…アドラーは、家族や職場、趣味の集まりなどの社会的なグループだけでなく、地域や国家、人類、動植物、さらには宇宙などに及ぶすべてにおいて共同体としてみなした。

02
アドラー心理学

アドラー心理学の利点は？

アドラー心理学で自分の思考を変えていこう

ネガティブや非建設的な考え方を変えていこう

失敗して「自分はなんてダメなんだ…」と落ち込んでしまうことはないでしょうか。さらには自分を責めてしまい「なにをやっても無駄だ」と問題を見て見ぬ振りをしたり…。

こうした心理は、よい状態とはいえません。なにより、これでは自分自身が成長できず、また、まわりの人たちとの人間関係にも影響が出てきてしまうかもしれません。

アドラー心理学では、**楽観的な思考**をよしとします。「できない…」でなく「できるかも」と、自分の思考をポジティブにもっていくことで建設的な思考につながります。楽観的な思考をもてると、**他人の評価に左右されにくくなるほか、他人の考**

・対人関係を良好にする6つの姿勢・

アドラーはすべての悩みは対人関係からくると考えました。
他人に対する自分の姿勢を改善すれば、周囲の反応も変わってきます。

共感
相手の気持ちや状況、立場などを理解し、相手の感情に寄り添うこと。相手の視点でものごとを考えることも大切。

尊敬
年齢や性別、職業、考え方などは違っても、相手を一人の人間として尊重する。相手を軽んじたり、否定的な態度をとったりするのはNG。

信頼
まずは、自分からありのままの相手を受け入れる。また、人格と行為を区別すること（▶P180）も信頼関係を築くために重要。

協力
目的を互いに共有し、他人とともに目標に向かって協力し合う姿勢のこと。競争するより、自分がどう貢献できるかを考える。

平等
人それぞれの違いを受け入れ、自分と対等な存在だと認めること。上司と部下、親と子といった場合も上下関係ではなく、一人の人間として尊重する。

寛容
他人との違いや欠点に対して寛容であること。また、相手に完璧さを求めたり、自分の価値観を相手に押しつけたりしない。

えも理解し、相手を思いやる思考が身につきます。その結果、対人関係も良好になっていくのです。
　また、なにか問題が起きたとき、アドラー心理学では原因探しをするよりも「解決するためにどうすべきか」という目的から考えるようになります（目的論▼P152）。
　アドラーが提唱する、楽観的な思考、目的論などを知り、自分が抱える悩みから脱却する思考を身につけられると、人生がポジティブにとらえられるようになってくるのです。

豆知識
楽観的と楽天的は違う
楽観的な思考は、根拠もなく思考放棄する楽天的と異なり、課題解決に向けて建設的に考えるための思考です。日々、いいことも悪いことも起きますが、悪いことが起きても楽観的に考えるよう努めましょう。

環境に恵まれない

不運に見舞われて思うように動けない

環境のとらえ方は自分次第 運命は自分で決めるもの

「私が不幸なのは、恵まれていない環境のせい」と思ったことはないでしょうか? 私たちは、自分ができていないことを、家族や学校、会社あるいは国や社会など、ほかのなにかのせいにしがちです。

アドラー心理学では、**環境のとらえ方はあくまで自分次第**だと考えます。人には、自分で自分の行動を決められる「**自己決定性***」というのがアドラーの考えです。

例えば、仕事で思うような成果が出ていないとします。このとき「希望部署に置いてくれなかった会社が悪い」というのが周囲のせいにする考え方。一方で「これは成長のチャンス。新しい仕事を覚えるために勉

WORD **自己決定性**…アドラー心理学において、なにかものごとを決める際は、すべて自分の意志のもとで判断を下しており、他人や外部環境および過去は関係がないとする考え方。

自分の人生は、自分が決めている

育つ環境は選べませんが、置かれた環境でどのような選択をしていくかは自分次第。それがすべての結果を生み出します。

置かれた環境

仕事でミスばっかり…
私に向いてない部署に異動させられたからだ！

人は自分の失敗や不幸は、周囲の人や置かれた環境のせいだと考えてしまいがち。

自己決定性のある人

この部署の仕事を学べば、もっと幅広い仕事ができるようになるはず！

自己決定性のある人は、置かれた環境を前向きにとらえ、そこから自分が次におこなうべき行動を考えて対応することができる。

自己決定性のない人

どうせ、私のことをちゃんと見てくれない会社なんだ…

自己決定性のない人は、自分の環境や不満を周囲のせいにすることで、後ろ向きなマインドになりがち。結果、現状の不満を抱えたままになる。

強しよう」とも考えられます。この**選択は自分に委ねられている**ということが、自己決定性があるということです。運命の〝犠牲者〟ではなく、運命の〝主人公〟だと考えるのです。

環境要因は影響を与える要素ではあっても、それで運命が決まるわけではありません。生まれる家や場所など、自分で選べない環境もありますが、そこでどのように自己決定していくかは自分次第。自分で運命を選び取ることができると信じ、行動に移してみることが大切なのです。

豆知識　**病弱だったアドラー**

幼少期のアドラーは、くる病（骨軟化症）にかかるなど病弱だったことが知られています。両親の助けもあり、くる病はやがて完治。病気を克服したこの経験が、自身の理論に影響を与えたといいます。

04
アドラー心理学

原因からの解決は難しい？

問題に対し、原因から考えるか、目的から考えるか

未来を見つめることで問題解決に向かっていく

「どうして失敗したんだろう」と悩むとき、「私の性格に理由があるんだろうな」「幼い頃に親から直されずに大人になったからだ」など、失敗の原因を過去の自分から探したことはないでしょうか？　このように、行動には環境や経験がひもづいているという考え方を「**原因論**」といいます。

原因論から問題の解決を図ると、問題を分析することはできるかもしれませんが、具体的な解決手段は見つかりにくくなります。

対して、人は未来の目的に向かって行動するというのが「**目的論***」です。目的論は未来志向。**未来の目的が今の自分の行動を決めているととらえ**

WORD **目的論**…アドラー心理学では、すべての人は、ありたい姿や理想のかたちなどの目的に向かって、なにをすべきか考えて行動を起こしていることを前提としている。

目的論と原因論の比較

アドラーは目的論、フロイトは原因論を軸とした考えです。
過去は変えられないので、目的論で考えたほうが前向きになれます。

フロイトの原因論

結婚ができない（行動）のは、ずっと女子校育ちで、男性とかかわるきっかけもなかったし、家庭も交際について厳しかった（原因）からだ！

アドラーの目的論

家庭にしばられず、自分のペースで自由に生きていきたい（目的）。だから私はまだ結婚しないし、私の考えに合う人がいたら結婚すればいいんだ！（行動）

現在の悩みや行動の原因を、過去にさかのぼって考える理論。しかし、過去に原因があるとした場合、それらをいくら考え追求しても、過去には戻れないので、今起きている問題の解決策は生み出しにくい。

人はなんらかの目的に従って行動を決定している。つまり、今起きている問題は、過去の出来事や他人のせいではなく、その目的を達成するために自分が選んだ結果。ただし、未来の目的は変えられるので、行動も変えることができる。

ます。例えば、先ほどの例の失敗に対しては、「将来のためにチャレンジしたから失敗したんだ」と考えられますし「この失敗を活かして、次につなげよう」という発想も生まれてくることでしょう。

　他人に対しても同じです。原因論から「なんで」「どうして」と問題を追求しても、解決にはつながりません。それよりは目的論に立ち、**「目指したい未来に対してなにができるのか」**と思考を切り替えてみてはいかがでしょうか。

豆知識
「使用の心理学」ともいわれる
　アドラーは、自分がどれだけの素質をもっていても、それらを使う目的がなければ価値がないと述べました。自分の素質をどう使うかに焦点を当てていたため、アドラー心理学は「使用の心理学」ともいわれます。

05

アドラー心理学

やめたいのに、やめられない

理性と感情が矛盾していると感じる

理性も感情も意識も無意識も同じ目的に向かっている

ダイエットしたいのに、つい食べすぎてしまう…。この「わかっているのに、やってしまう」という状態はなぜ起こるのでしょうか?

そもそもアドラー心理学では、理性と感情が独立しているとは考えません。人は、理性と感情、意識と無意識*、心と体などが分かれているのではなく、**すべてがつながり、互いに補い合っている**と考えます。これを「**全体論**」といいます。

これは自動車のアクセルとブレーキにも例えられます。アクセルとブレーキは別の機能をもちます。目的地に向かうためにはアクセルを踏みますが、そこでブレーキを取り外したりはしないでしょう。どちらも大

WORD **無意識**…自分で認識できない潜在的な意識のこと。氷山に例えれば水面下に隠れている部分。逆に表面に見える、自分で認識できるものを意識と呼ぶ。フロイトは無意識に着目して研究した。

理性と感情は矛盾しない

フロイトは意識と無意識、理性と感情などは別々のものと考えましたが、アドラーはすべて合わせて自分自身と考えました。

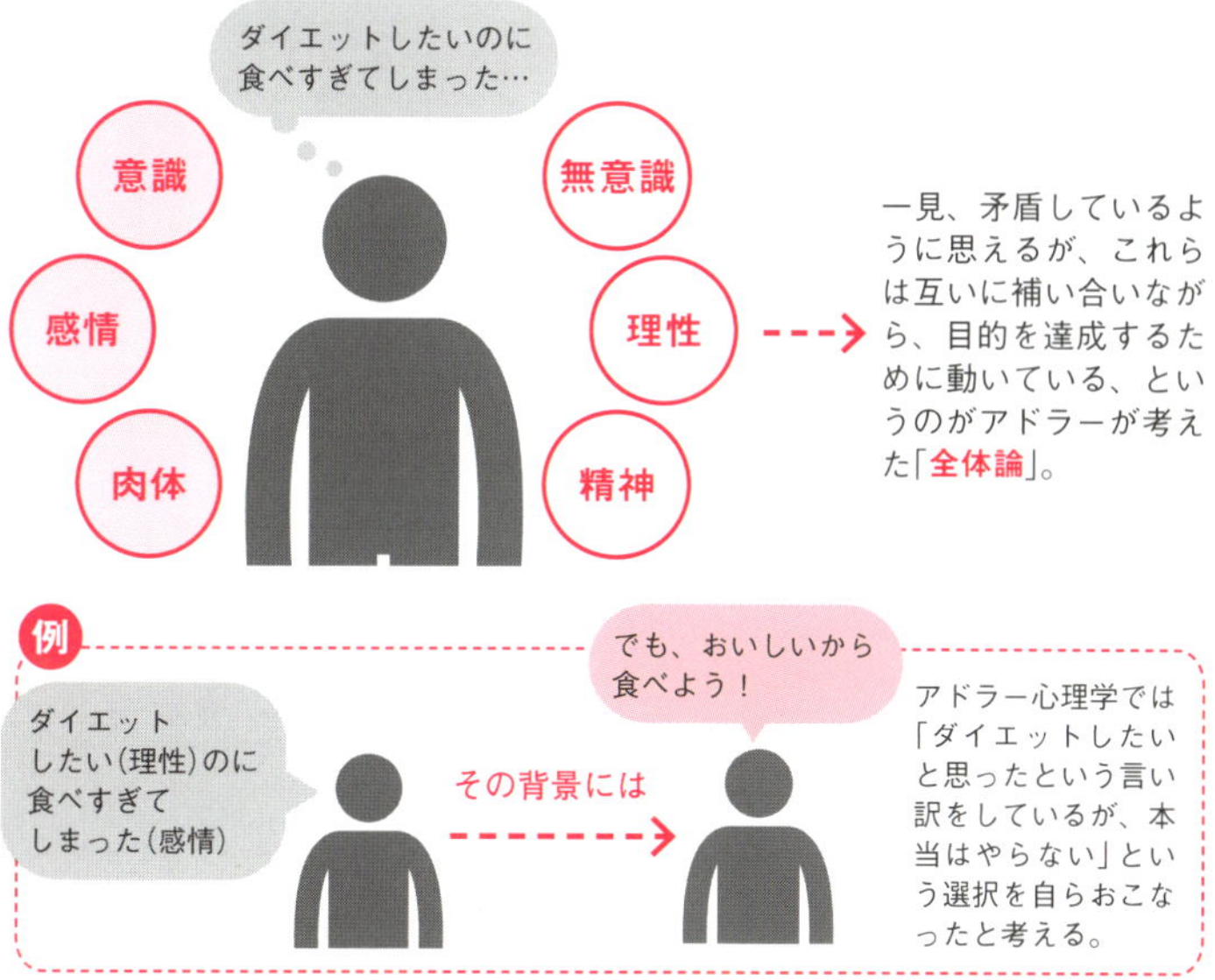

事であり、別の機能をもちながらひとつの自動車に収まっています。

最初に挙げた「ダイエットしたいのに食べすぎる」という例から考えてみると、全体論ではこれを理性と感情の矛盾だとは見ません。「ダイエットしたい」という言い訳をしながら「食べる」という選択をしているのだと見ます。無理に感情を抑え込むのではなく、食べてしまう自分も受け入れたうえで、**どんな目的からその矛盾と思える感情が生まれているのか**を考えてみましょう。

活かす！ 心理テクニック

嫌いな自分もすべて自分

人の中にはいろんな面があります。そのうちの一面が嫌いで、受け入れられないでいるとツラくなってしまいます。「それも自分」と全体論から考えることで、自分のすべてを受け入れることにもつながります。

06
アドラー心理学

相手によって態度が変わる

どんな行動も「相手」がいることによって変わる

相手役によって行動は変わっていく

　上司の前では、キビキビと前向きに動くけれど、後輩の自分に対しては高圧的な態度をとってくる…。このような表裏がある相手に納得がいかないことはよくあります。

　アドラー心理学から見ると、これは不思議なことではありません。アドラーは、相手によって行動が生まれるという**「対人関係論」**を前提としました。**どんな行動にも必ず相手役がいる**というのがアドラーの考え。相手役という存在から影響を受けることで感情が生まれ、そこから行動につながります。**相手が変われば行動が変わるのも当然のこと**、ととらえるのです。

　相手のことを深く理解するために

・人の行動のすべてに相手役がいる・

人がなんらかの行動を起こす際は、必ず相手からの行動を受けています。そのため、相手によって態度や変わるのは自然なことといえます。

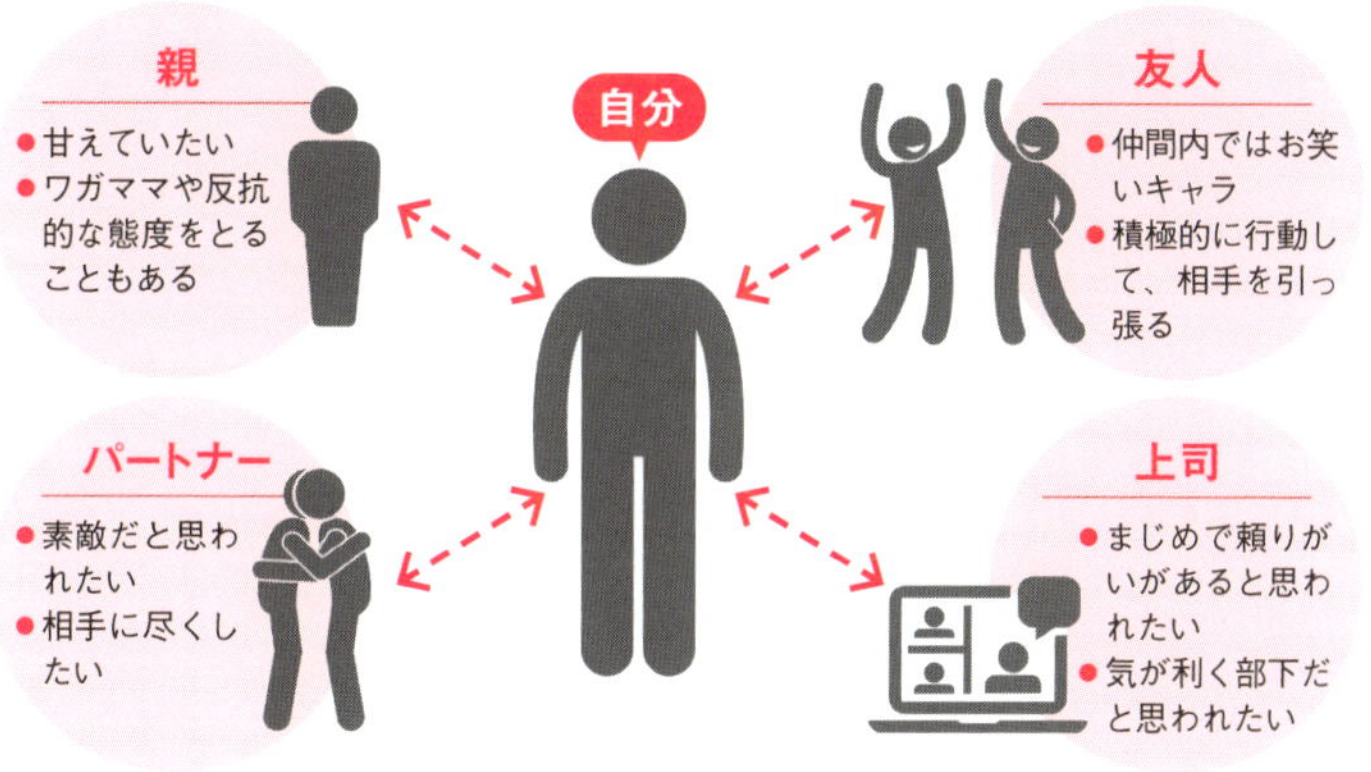

変えられるのは、相手ではなく自分

自分が相手に合わせて行動や態度を変えるように、周囲にいる人も、相手によって態度や行動は違ってくる。同じように、自分の行動を変えることで、相手の行動を変えることもできる。

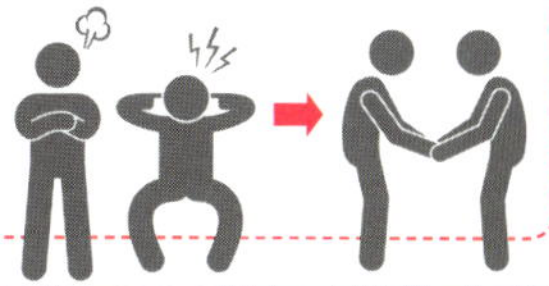

は、**その人が「どのような場面でどんな行動をする人物か」を観察する**ことが重要です。そうすることで、相手の行動を予測し、対処することができるようになります。

また同じように、**自分自身も誰かの相手役**ですから、お互いに影響し合うということも「対人関係論」のポイントです。冒頭の例では、相手役である自分自身の行動を変えていけば、相手との人間関係も変わっていくといえます。

活かす！ 心理テクニック

行動に注目し、相手を知ろう

その人の思考よりも、行動のほうが観察しやすいものです。対人関係の行動パターンを知ることで、その人への理解は進むでしょう。さらに行動の目的にも着目すると、シチュエーションごとの、その人の行動が予測しやすくなります。

07
アドラー心理学

悩みごとが整理できない

仕事での課題や恋人、友達との問題で頭がいっぱい

悩みごとの種類を知り整理してみよう

悩みごととひと口にいってもさまざまです。「やりたい仕事がやれていないから転職したい」「パートナーと将来設計のことでケンカしてしまった」…など、人生に悩みごとはつきものです。

悩みごととは**人生で直面する課題**。アドラー心理学ではこれをライフタスクと呼びます。***ライフタスクは3種類**に分けられます。**「仕事」「交友」「愛」**です。

仮に、パートナーに「収入が減るけれど転職したい」と話したら、将来設計の違いからケンカになったとしましょう。このとき「転職をしたい」というのは仕事のタスクで、「恋人とのケンカ」は愛のタスクだと考

WORD **ライフタスク**…人生において直面している課題のこと。人生におけるライフイベントなどから、日々のタスクまですべてのことを指す。仕事・交友・愛の3つに分類される。

・自分の悩みは3つの中のどれ？・

ライフタスクを知ることは、悩みを整理するだけでなく、自分が人生でなにを重視しているかの指標にもなります。

①仕事のタスク

仕事や職業での役割や責任を果たすこと。自分の仕事に対する満足感や達成感を得ることで、人生の意味を見出すこともできる。学生なら学業、専業主婦(夫)なら家事や育児などが該当する。

②交友のタスク

対人関係の質は、個人の心理的な幸福感や成長に密接にかかわる。なお、交友には、友達だけでなく、職場の関係者やご近所付き合いなども含まれるため、交友を深めることで、社会とのつながりも強められる。

③愛のタスク

パートナー、夫婦、親子間などの愛情を深め、親密な関係を築くことは、人生の中でもっとも深いつながりのひとつ。パートナーや家族との協力やお互いに支え合う関係性が、個人の成長や幸福感に大きく影響する。

えられます。

いずれのタスクにおいても、人間関係がかかわってくるほか、これらのタスク同士も互いにかかわり合います。ですので、どれかのタスクひとつだけを改善するということは難しいですが、アドラー心理学では「すべての悩みごとはどれかのタスクにあてはまる」とされているため、悩みごとを解決していくためには、これらの**どのタスクにあてはまるかを見極める**ことが解決に向かうためのヒントになります。

豆知識

難しいライフタスクは？

ライフタスクは「仕事」「交友」「愛」の順で難しくなるといわれます。なぜなら、その順で人間関係が親密になるため。愛のタスクはもっとも難しくなります。また、それぞれ長引くほど難易度は上がります。

08
アドラー心理学

すぐに失敗が頭をよぎる

うまくいかないイメージに押しつぶされそう

不完全さを受け入れ気持ちを前向きに

チームの評価を左右するプレゼンを目前にして心臓がバクバク。大事な場で、しかもはじめてチームリーダーを任された。「完璧にしなきゃ迷惑かける…でも自信がない…」。こんなときは、もう緊張して不安ばかりが募るでしょう。

　さらに自分への期待を感じたり、周囲が上手にやっている姿を見たりすると、緊張に拍車がかかることも。とくに感受性が強い人の場合は、周囲の感情を敏感に受け取ってしまい、ますますプレッシャーは高まるかもしれません。

「完璧を目指したい」という気持ちは自然なことですが、そのためには過度な努力を必要とし、ストレスへ

• 現実的な目標設定で心理的負担を減らす •

完璧な目標を立てると、多大な労力と努力が必要になり、ストレスが溜まることも。完璧より、実現可能な目標を設定しましょう。

顧客への商品提案

上手に話さないと商品を
買ってもらえないのでは…
失敗したら怒られたり、
評価が下がったりするかも…

完璧（100点）な目標

- 必ず商談を成功させ、受注をもらう。
- 同期の中で最初に商談を成立させる。
- 上司からの評価を上げる。

▼

100点を目指すことで、過剰な心理的負担を抱えてしまう。

現実的（80点）な目標

- 用意した提案を最後まできちんと話す。
- 相手の要望を聞き取る。
- 次回のアポイントを取る。

▼

実現可能な目標を設定し、結果を前向きにとらえることで不安を解消できる。

と発展する要因となると考えられています。加えて、**完璧というものは実現不可能なもの**だとアドラーは考えていました。したがって、不安を抱えがちな人に必要なのは、実現可能な目標を置き、それを受け入れる「**不完全である勇気**」をもつこととアドラー心理学では考えられています。100点満点はとれなくても「がんばった結果、70点はとれた」と納得する勇気をもつことで、自分の努力に意識が向き、結果を前向きに受け止められるようになります。

活かす！ 心理テクニック

実現可能な目標設定を

「完璧な目標」をもつと、必要以上の努力を自分に求めたり、達成できないことがストレスになったりします。到底無理な完璧を追い求めるのではなく、現実的な目標にすることでストレスも解消されます。

09
アドラー心理学

おっくうなことを先延ばし

気が引けることは後回しにしてしまう

行動をおっくうがる「ためらいの態度」

締め切りが迫っているのに、なんとなく先延ばししてしまって後悔した…という経験はないでしょうか。やる気が起こらなかったり、重圧を感じて「期待を超える成果を出す必要がある」と慎重になりすぎたり。結果的に、やっつけ仕事になってしまって自己嫌悪に…。

アドラーはこのような、**成功の確信がないときに行動を躊躇《ちゅうちょ》する**傾向のことを「**ためらいの態度**」といいました。ためらいの態度に対しては、ふたつのアプローチで解決を図ることができます。

ひとつは、**小さなことから手をつけていく**ことです。「期待以上の成果を出さなければ…」などと考えず、

・ためらいの態度へのアプローチ・

ためらいの態度を解決したいなら、行動を起こせない自分を責めるより、以下のふたつのアプローチを取り入れるほうが効果的です。

「ためらいの態度」の例

失敗するに
決まっているから
やらないでおこう
スケジュールは
まだ先だから、
やらなくていいや
やるからには
完璧にしないと
いけないから、
気が引ける…
うまくやれる
気がしないから、
いったん
無視しよう

アプローチ 1

できることから少しずつ

やるからには完璧にしなきゃ…と思う人は、なにから手をつければよいのかがわからず、不安を抱えていることも。まずは、手をつけられるものから実践していくと、なにもしてない自分は最低…という思考から脱却できる。

アプローチ 2

とらえ方を変える

先延ばしする自分がダメ、と考えるのではなく、最後に全力を出すために力を蓄えている途中と考える。締め切り直前から取り組んでも、締め切りを守れるようなら、集中力が高い人物であるともいえる。

まずは取り組む。エネルギーを少しずつ出しながら取り組むことで、なにもしない自分から脱し、自己嫌悪に陥《おちい》りにくくなります。

もうひとつは、先延ばしにしたとしても、結果的には間に合わせたという事実に納得すること。こう考えると、やることをためらっていたのではなく、短期集中型でエネルギーを発揮したとも考えられるようになります。集中するとやる気も高まります。**集中力やエネルギーは強み**なのだと考えましょう。

活かす！ 心理テクニック

「任せる勇気」をもとう

ためらう理由が「自分だけですべて完璧にこなさなければならない」という気持ちによるものなら、人に任せる勇気をもつことも大事。任された相手も「信頼してくれたんだ」と感じ、共同体感覚も生まれます。

10
アドラー心理学

すぐ感情的になる

なぜ怒ってしまうのかを理解したい

目的があって感情は生まれてくる

日常生活を送る中で、つい他人に対して怒りの感情を抱いてしまうことは誰しもあります。ときには感情を爆発させてしまい、その後で自己嫌悪…ということもあるでしょう。

アドラー心理学では、**人間の行動にはすべて目的があり、その目的を達成するために感情がつくられている**と考えます。

では怒りという感情には、どんな目的があるのでしょうか? **怒りの感情は4種類**あるといわれます。例えば「相手を支配したい」という目的から「自分の指示通りに動くべきだ」と怒るケースなどです。

ポイントは、その感情の奥底に別の感情があるということを知ること

「怒り」の感情は4種類ある

怒りを「感情」として爆発させたり、我慢したりするのではなく、その背景を理解し対処することで、怒りの感情に振り回されずにすみます。

① 支配したい

「こうしなさい」というときの背景にあるのは、支配したいという感情。他人が自分の意見や行動を聞き入れてくれないときに起きる。

② 優位に立ちたい

「従ってほしい」という気持ちのあらわれ。とくに劣等感を抱えている場合、他人が成功したときや、自分が優位に立てない立場のときに怒りを感じやすくなる。

③ 権利を守りたい

人は自分の権利が無視されたり、軽んじられたりすると怒りを感じる。「なんでそんなことをいうの？」「勝手にさせて」といった発言の背景にある怒り。

④ 正義感を発揮したい

「こうすべきだ」「あなたが間違ってる」など、正義感が強い人は、不公平や不正を見過ごすことができず、他人に対して怒りの感情を抱くことがある。

です。とくに怒りは**二次感情***といわれ、奥には別の**一次感情**があるとされます。例えば、子どもを叱るとき、親は憎くて怒っているのではなく、本心では子どもの成長を願う気持ちがあります。

このように二次感情でコミュニケーションを取ることなく、上手に相手とやり取りするためには、**一次感情で伝えるようにしましょう。**気持ちを伝えるときには、主語を「私」にすることで、相手を責めることなく、自分の意志を伝えやすくなります。

豆知識　「悲しみ」も手段に

怒りだけでなく、喜怒哀楽さまざまな感情はすべて、目的を達成するための手段。悲しいから泣くのではなく、同情してほしいから、悲しみという感情を使っていると考えるのがアドラー心理学です。

WORD **二次感情**…ある感情（一次感情）が積み重なって、表面化する感情。アドラーは怒りを二次感情とし、その根底には別の一次感情があると考えた。

11
アドラー心理学

失敗を引きずりがち

「なんであんなことしたんだろう…」と後悔する

過去に失敗した自分も受け入れてあげる

感受性が強く繊細な人は、他人を責めるよりも先に自分のことを責めてしまうケースもあると思います。自分のふるまいのせいで、周囲の誰かが嫌な思いをしていないか。自分ががんばっていればよりいい結果になったのではないか。あるいは朝の通勤電車でお年寄りに席を譲らなかったことを1日中引きずる…など。

タイムマシーンはありませんし、**後悔は乗り越えるしかありません。**そこで役に立つのが「**自己受容***」(▼P147)という視点です。自己受容とは、**ありのままの自分を自分自身で認めるということです。**この自己受容の視点が乏《とぼ》しいと、自分を無理に貶《おとし》めてしまい、心がツラくなってしまい

WORD **自己受容**…自分のありのままを受け入れること。長所や短所があるのではなく、ただそういう特徴がある自分なのだととらえる。似た言葉の「うぬぼれ」は、短所を受け入れないという違いがある。

・自己受容で過去の失敗を乗り越える・

過去の経験に対して、良し悪しを評価せずにそのまま受け止めることが、失敗にとらわれずに行動できるポイントになります。

過去への後悔 → **自己受容をする** → **建設的な考え方**

「失敗してしまった」「人を傷つけてしまった」「できることをしなかった」といった、過去に自分がとった行動に対する後悔。

後悔の念に対して「ダメだった自分も自分なんだ」と割り切り、失敗した過去の自分を客観的事実として受け入れる。

自己受容で客観的にとらえることで、「次は失敗しないように対策を練ろう」など、次のステップに向けて具体的な行動を考えられるようになる。

過去の自分にリスペクトを

行動を選択するとき、別の選択肢がある限り、後悔は無限に起こり得る。選択を間違えたとしても、選択時は最善を目指して動いた結果のはず。自分を批判するのではなく、選択に対して尊重することが大切だ。

ます。

自己受容の対象には、今ある自分だけではなく、これまでの自分も含まれます。**過去に失敗した自分も認める。**まずはそこからスタートすることで、後悔の念から離れていくことができるでしょう。

アドラーは、経験を良し悪しで判断する必要はないといいます。経験はもう起こったことであり、今の自分の一部になっています。ですから、まずは**「そういう経験をした」という事実を見ることが重要**です。

豆知識　自己受容と自己肯定の違い

「自己受容」は「自己肯定」と似た言葉ですが、これらは別物です。自己肯定は肯定・否定という、良し悪しで判断しますが、自己受容とは単に受け入れるということ。評価をするということではありません。

褒められたくて仕方がない

人に褒められるために行動している

人から褒められることを自分の基準にしない

人からの評価を気にしすぎていると、建設的な思考にはなりません。とくに「周囲から褒められたい」など、**承認欲求***がモチベーションを保つ基準になっている人は要注意です。なぜなら「褒められたい」という思いには、**「周囲に認められていないかも…」というマイナスの感情が潜んでいる**場合があるためです。

アドラー心理学では、承認欲求は「自己決定を他人に委ねること」ととらえます。つまり、褒められることで自分の価値を確かめようとする行為は、**自分という存在の価値の判断を他人に委ねている**ということなのです。また、承認欲求が強すぎると他人に依存することになり、自身

WORD **承認欲求**…人から認められたい、尊重されたい、受け入れてもらいたいといった欲求のこと。誰しもがもちうる欲求ではあるものの、この欲求が強い場合、自身に悪影響を及ぼすこともある。

承認欲求は劣等感の裏返し

承認欲求は、自己決定を他人に委ねている状態とアドラー心理学では考えます。他人から褒められることを、自分の基準にしないことが大切です。

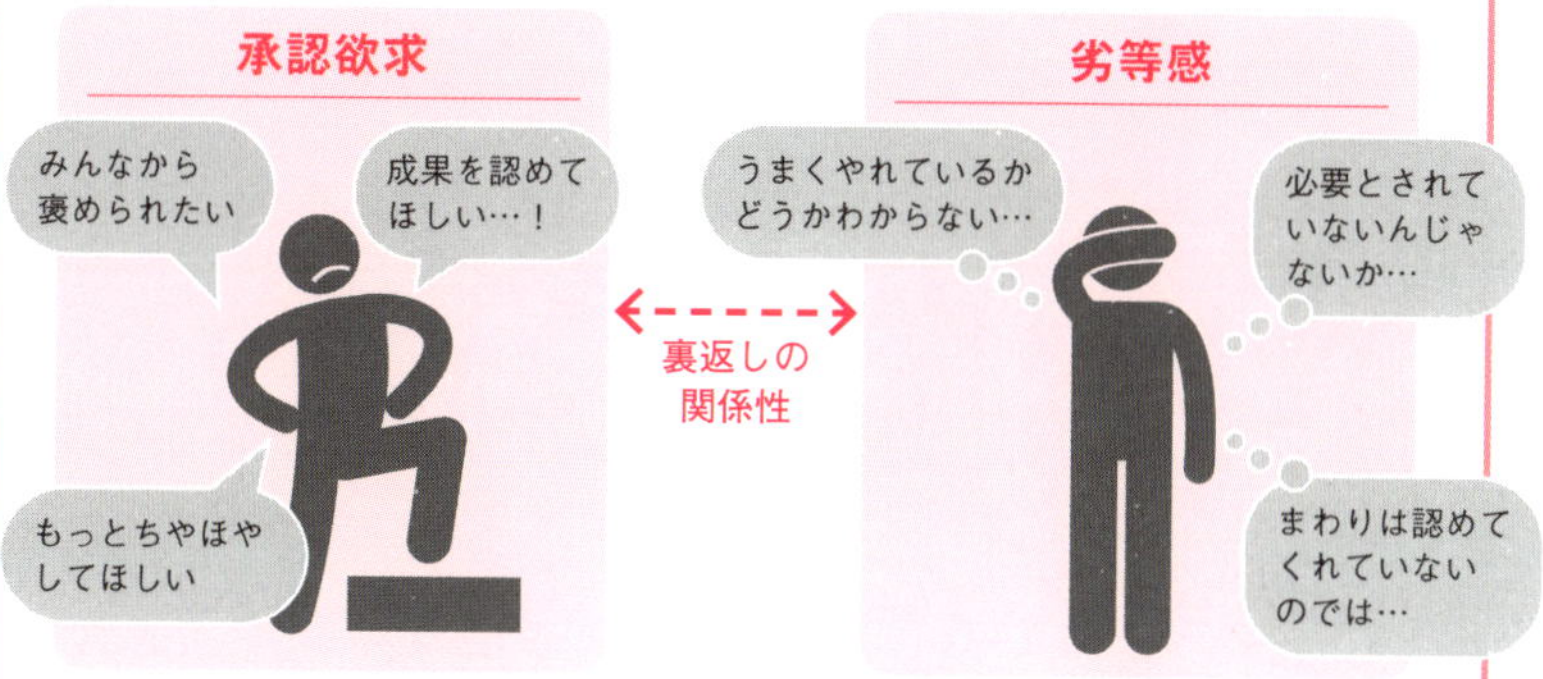

「自分を褒める」を習慣に

自分ができたこと、達成したことなどを把握し、自分が自分を褒めてあげる習慣を身につけると、周囲にとらわれずに済む。

の成長の妨げにもなります。

承認欲求に振り回されないためには、まず**「他人に認められようとする」ことをやめましょう。**自分の過去と比べて進歩や成長を感じ、自己受容感を強化することも大切です。

承認欲求を完全になくすことは難しいですが、「他人からの承認がほしい理由」を自分に問いかけ、その欲求の背景にある感情を理解すれば、感情に左右されることも少なくなるでしょう。

豆知識　褒める＝縦の関係で起きる

アドラー心理学では、「褒める」ことは縦の関係が前提ととらえます。褒め言葉は相手への依存を生んだり、逆に卑屈《ひくつ》になったりする可能性もあるため、良好な関係を築くには「勇気づけ」（▼P184）が適切だとアドラーは考えました。

13
アドラー心理学

人より劣っていると感じる

「どうせ自分にはできない」と行動しない

就活、うまくいかない…君は順調？
このあいだ1社○×銀行だけ内定もらったくらいかな
すごいね…やっぱりできる人は受かるんだな…
ボク…人前で話すの苦手だからな…面接のない会社とかないかなぁ…
ネットで調べても見つからない…
それなら話す練習とかしたほうがいいんじゃない…？
ぼくはやったよ

劣等感は現実と理想の差 理想に向かって行動を

能力や生活レベル、人間関係などから「自分は劣っている」と感じることを劣等感*といいます。**劣等感自体はネガティブなものではなく誰もがもっているもの**、というのがアドラー心理学での考え方です。

アドラーは、**劣等感とは自分の現実と理想の間にギャップがあるから生まれる**ものだととらえました。単にギャップですから、本来はそれを埋めるために、課題に取り組めばいいはず。ところが「どうせ自分は劣っているから、やる意味がない」などと課題を避けたり、「劣っているから自分は嫌われている」と劣等感を別の課題の原因とみなしたりすると、苦しくなってしまうのです。

WORD **劣等感**…現実と理想とのギャップから生まれる陰性感情の総称。みじめさ、悔しさ、うらやましさ、焦り、不安、怒りなどがある。

・劣等感をどう扱うかが大事・

劣等感は誰もがもっているもの。劣等感があるからこそ、
自分の得意なものを伸ばしたり、欠点を補ったりする行動ができるのです。

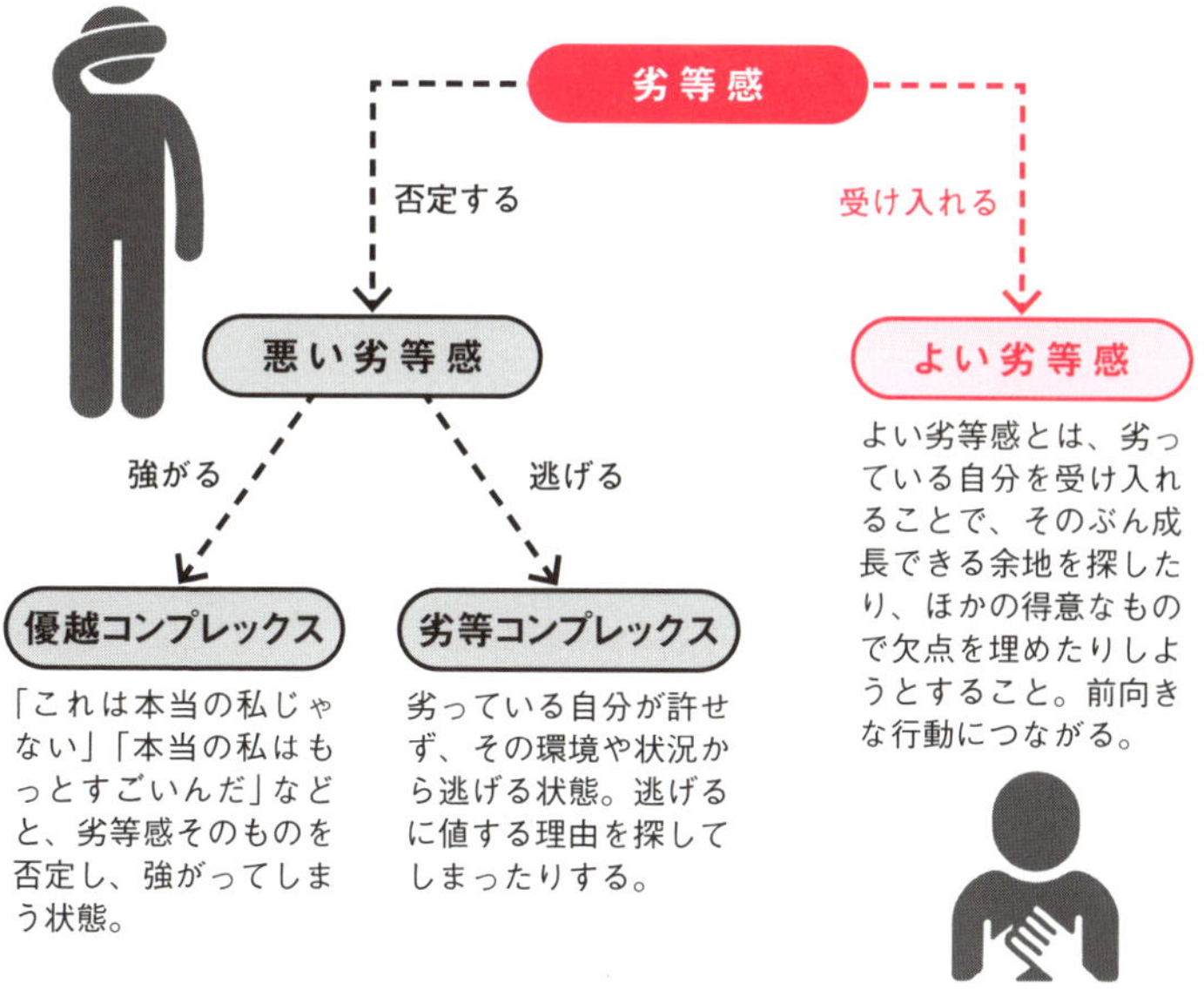
劣等感
否定する
受け入れる
悪い劣等感
よい劣等感
よい劣等感とは、劣っている自分を受け入れることで、そのぶん成長できる余地を探したり、ほかの得意なもので欠点を埋めたりしようとすること。前向きな行動につながる。
強がる
逃げる
優越コンプレックス
劣等コンプレックス
「これは本当の私じゃない」「本当の私はもっとすごいんだ」などと、劣等感そのものを否定し、強がってしまう状態。
劣っている自分が許せず、その環境や状況から逃げる状態。逃げるに値する理由を探してしまったりする。

劣等感にこだわったり、言い訳に使ったりすることを、アドラーは**劣等コンプレックス***と呼び、劣等感と区別しました。

人には**優越欲求**という、今より優れた存在になりたい欲求があります。これが劣等感を克服していく原動力にもなるのです。「劣っている」と知り「できるようになりたい」と考える。この心の動きが劣等感の克服につながります。このように劣等感を活かしながら、理想の姿に向けて進むことが大切なのです。

活かす！ 心理テクニック

劣等感が置き換わる？

劣等感からは「優越コンプレックス」が生じることも。これは劣等感を克服せずに優越性を求めるため、実際は優れていないのに優れているようにふるまったり、反対に過度な自慢をしたりすることです。

WORD **劣等コンプレックス**…自分が劣っていることを誇示・固執し、やるべき課題に取り組まないこと。収入の大小や、能力の高低、社会的地位の有無などが主に劣等コンプレックスの要因になる。

「自分はダメだ」を考え直してみよう

欠点だと思っていることや不安や心配などは、その「とらえ方」を変えてみることで気持ちが切り替わり、前向きな行動につなげることができます。

発想を変える「リフレーミング」

私たちはものごとを「枠組み（フレーム）」を通して見ています。ものごとを見る枠組み（フレーム）を変えることを「リフレーミング」と呼びます。行く手をさえぎる壁や悩ましい短所も、視点を変えて見ることで好機や長所としてとらえることが可能です。すると、短所にしばられていたネガティブな思考から解放されてストレスは軽減されていきますし、ポジティブな行動にもつながっていきます。

短所と考えていることも…

「他人の顔色をうかがってしまう」と考えると、消極的な自分や、卑屈《ひくつ》な自分に嫌気がさす場合も……。

リフレーミングで発想転換

長所に変えることができる

「顔色をうかがう」ことは、視点を変えれば「よく気がつく」ということ。人の感情や行動を敏感に察することができるという長所かも。または「他人を尊重する」というやさしさのあらわれとも考えられるでしょう。

このようにリフレーミングをすることで、心を前向きにすることができます。なにかに失敗して自己嫌悪してしまったり、劣等感がひどくなってしまったときには、落ち着いて自分を見つめ直し、視点を変えることが大切なのです。

リフレーミングで考え直してみる

ものごとをネガティブにとらえるのも、ポジティブにとらえるのも自分次第。「短所は長所」なのだと、リフレーミングによって見直してみましょう。

短所だととらえていること	リフレーミング
いいかげん	おおらか
意見がいえない	争いを好まない
浮き沈みが激しい	感性が豊か
臆病	慎重
頑固	意志が強い
感情的	人情がある
気が弱い	他人を大切にする
空気が読めない	自分の芯をもっている
暗い	思慮深い
断れない	他人のために尽くす
ささいなことで悩む	細かなところまで気がつく
自分がない	協調性がある
心配性	神経がこまやか
他人を気にする	心配りができる
だまされやすい	人を信頼している
長続きしない	興味の幅が広い
八方美人	人付き合いがうまい
無理をする	協調性がある
優柔不断	最良を常に考える

リフレーミングは状況に対しても使える

性格や行動の傾向だけでなく、状況のとらえ方もリフレーミングが可能です。「ピンチはチャンス」というように、好ましくない状況に陥《おち》ったように思えても、視点を変えると余裕や前向きな意欲がわいてきます。苦手な人とチームを組まされたときには、「これを機に仲良くなろう」「忍耐力の練習になる」などと考えるのです。エジソンの「失敗は成功のもと」という考え方のように、失敗が次の成功を生み出すと考えてみると、どんなものごとも成長のチャンスになるはずです。

14
アドラー心理学

人の評価に納得できない

ものごとの見方に偏りがあるかもしれない

ゆがんだ考えに気づくと気持ちの整理になる

私たちは自分の主観によってものごとを見ています。つまり、自分の経験や環境から得た考え方や価値観という**私的論理***を通して判断しているのです。すなわち**自分だけの〝色メガネ〟をかけている状態**です。

私的論理には、生きにくさや周囲との摩擦《まさつ》を生むような考え方があり、これを**ベーシック・ミステイクス**（**基本的な誤り**）といいます。代表的なものは「**決めつけ**」「**誇張**」「**見落とし**」「**過度の一般化**」「**誤った価値観**」の5つです。

例えば、1回の注意から「自分はいつも注意される」と考えることは誇張に当たります。現実を大げさにとらえてしまっているのです。また

WORD **私的論理**…プライベート・ロジック。その人の固有の見方や考え方、価値観のこと。社会や他人、また自分自身に対しても私的論理はある。

• ツラくなってしまう5つの考え方 •

以下の5つは代表的なベーシック・ミステイクスです。
自分がかけがちな色メガネに気づけば、客観的に自分を見つめ直せます。

① 決めつけ

可能性にすぎないのにレッテル貼りをする。

例 大したことではないのに「5分遅刻をしてしまった。もう誘ってもらえなくなる…」。

② 誇張

ものごとを大げさにとらえる。

例 一度仕事を断られただけで「みんなはいつも手助けしてくれない」。

③ 見落とし

ものごとの一面だけを見て、ほかの面を見ていない。

例 違う側面もあるのに「あの人は無能だ」。

④ 過度の一般化

一度うまくいかなかったことをすべてにあてはめてしまう。

例 1回否定されただけで「自分はなにをやってもダメな人間だ」。

⑤ 誤った価値観

間違った思い込みでものごとを見る。

例 パートナーと別れて「もう自分には生きる価値がない」。

私的論理の言葉に注意

私的論理の考え方に陥《おちい》ってしまうときは、「絶対」「みんな」「〜しかない」など、全か無かでものごとをとらえがち。このような言葉を使っていると気づいたら、注意しましょう。

は「自分には仲間がいない」といいつつ、実際には近くに支えてくれる友達がいる場合。これは見落としの例です。

ベーシック・ミステイクスは、知らないうちに陥《おちい》ってしまいます。ですので、「私は〇〇と考えがちなのだな」と、**ものごとの見方を把握することができれば、変えていくこともできます**。同じ出来事でも、見方が変われば自信も生まれてきますし、生きやすさにもつながります。

豆知識 陥《おちい》りがちなタイミングは？

人にはベーシック・ミステイクスにはまりがちなタイミングがあります。大きな失敗や挫折《ざせつ》、ストレスフルな状況、たとえ前向きな挑戦の場でも「余裕がないな」というときにはベーシック・ミステイクスに陥《おちい》りやすいので要注意です。

15
アドラー心理学

自分の普通が普通じゃない？

自分の考え、人の考えを客観的に見ることが大切

共通感覚をもつために他人に共感していく

私的論理（▼P174）によって、無意識のうちに「こうあるべきだ」という考え方に陥《おちい》ってしまうことがあります。この私的論理と対照的なのが**共通感覚***です。共通感覚とは**自分と他人にとって一致している、建設的なとらえ方**を意味します。端的にいえばものごとを客観的に見ることであり、自分も相手も納得できるような見方のことをいいます。

共通感覚を身につけるためには、「**相手の目で見て、相手の耳で聞いて、相手の心で感じること**」、つまり「共感」することがポイントとなります。相手や第三者、組織など自分以外の視点を増やしていくと、共通感覚をもちやすくなります。一見すると「同

WORD **共通感覚**…コモン・センス。自分と相手にとって現実に即している、建設的な意味づけ。通常、英語でcommon senseというと「常識」などを指すが、アドラー心理学では別の意味で使われる。

共通感覚で自分の視野を広げる

共通感覚をもつためには、自分以外のさまざまな視点をもち、ほかの人にもその人なりの私的論理があることを念頭に置きましょう。

一緒に旅行していても、見え方は違う

旅館から見えた景色が最高だった！
古きよき日本の雰囲気があって癒されたなぁ…
海辺だったから、夜は真っ暗でなにも見えなくてつまんない…
宿もボロかったし、全然気が休まらなかったなぁ…

共通感覚を身につけるためには…

- 相手はどう思っているのだろう？
- 上司はなにを見ているのかな？
- 相手はなにをしたいのかな？
- 部下にはどんなふうに聞こえているんだろう？
- 友達はなにを感じているのかな？

さまざまな疑問を自分や相手に問いかけることが重要。無理のない範囲ですり合わせていくことで、共通感覚が養われる。

情」とも混同しやすいですが、同情には相手を憐《あわ》れむ上下の関係が付随します。一方で、共通感覚は対等な関係を前提として、相手の立場になって考えます。

この共通感覚が育つと、私的論理による決めつけから抜け出せます。自分か相手、どちらか一方が正しく、もう片方が間違っているということはあまりありません。お互いを尊重し合いながら、歩み寄ってすり合わせていくことでが、人間関係においては大切なのです。

豆知識　要注意な言葉づかい

私的論理から使いがちな言葉がいくつかあります。例えば「みんなが」「いつも」「まったく」「ひとつも(ない)」「絶対」など。共通するのは大げさで極端なこと。みなさんもいっていないでしょうか？

16
アドラー心理学

相手の行動に口出しする

他人の課題に対して踏み入って意見する

相手に委ねるべき課題は自分で背負う必要はない

例えば、友人やパートナー、あるいは職場の同僚など周囲の人の機嫌が悪そうなとき、私たちは自然とその様子を察し、場合によっては無意識的に気をつかいながら「どう接したらいいかな」などと考えを巡らせたりします。

こういったときは、まさに**他人の課題に気を揉《も》んでいる状態**といえます。冒頭の例でいえば、機嫌が悪いのは本人の問題（課題）で、自分が「機嫌をとりにいかなければならない」などという義務はありません。

ところが、「これは誰の課題か」という線引きがあいまいで、**相手の課題に踏み込んでしまうと、自分にも負担が及んでしまい、ときには双方**

・自分と他人の境界を分ける・

これは誰の課題なのか（誰がその選択肢の結果を引き受けるのか）という視点で、自分の課題と他人の課題を分けてみましょう。

相手の課題と自分の課題は？

この場合、相手を不機嫌にさせたのが自分ではないので、「不機嫌な状態でいる」のは相手の課題といえる。相手の機嫌の悪さによって自分が不利益を被《こうむ》るなら介入してもよいが、むやみに機嫌をとったりする必要はない。

➡ 課題の分離ができず、相手の課題に踏み込んでしまうと、本来負わなくてもよい負担を負ってしまう。両者とも自分のやるべきことについて、成果を最大化するように考えることが重要。

にとってもストレス*となってしまうのです。

では、どのように課題を分離すべきでしょうか？　ポイントは、**結末のメリット・デメリットを誰が引き受けるか**です。先の例でいえば、後々にメリット・デメリットを引き受けるのは自分ではなく相手ですので、相手の課題ということになります。相手の課題だとわかったのであれば、今度は私たちが「その人を信頼して委ねる勇気」をもつことが大事になってきます。

活かす！　心理テクニック

断っても大丈夫

依頼を断りたいときもあるでしょう。このとき「断ったら相手は傷つくだろうか」などと必要以上に心配しなくても大丈夫。それに対処するのは相手だからです。自他の境界線を意識するようにしましょう。

WORD **ストレス**…外部からの刺激により生じる心身の反応。原因となる外部からの刺激自体はストレッサーという。ストレッサーにうまく対応できない場合は「不適応」を起こし心身に悪影響を及ぼす。

17
アドラー心理学

人格までは否定してない？

注意されると、人間性まで責められた気になる

人格と行為を分けて考え 人間関係を円滑に

誰だってミスはあるものです。そうわかってはいても、注意されると「自分はなんてダメな人間なんだ…」と落ち込んでしまう人も多いでしょう。しかし、注意されたからといって、自分のすべてを否定されたわけではありません。このように落ち込むのは、**人格と行為を混同しているために起こる問題**です。

アドラー心理学では、**人格と行為は別物**だと考えます。ミスがあったときでも、**ダメなのはミスをした人（人格）ではなく、ミスという行為そのもの**だったととらえます。ミスをしてしまうのは、その人が「ミスをする人間だから」ということでは決してありません。

指摘は人格の否定ではない

アドラー心理学においては、「人格」と「行為」を分けて考えます。
他人からの指摘は、攻撃ではないことを理解しましょう。

「行為」についての指摘を受ける
誤った発注処理をしてしまいました…
古いマニュアルを見たから間違えたんだね
「人格」についての指摘だと誤解する
攻撃されてツライ…ダメ人間の烙印《らくいん》を押されてしまった…

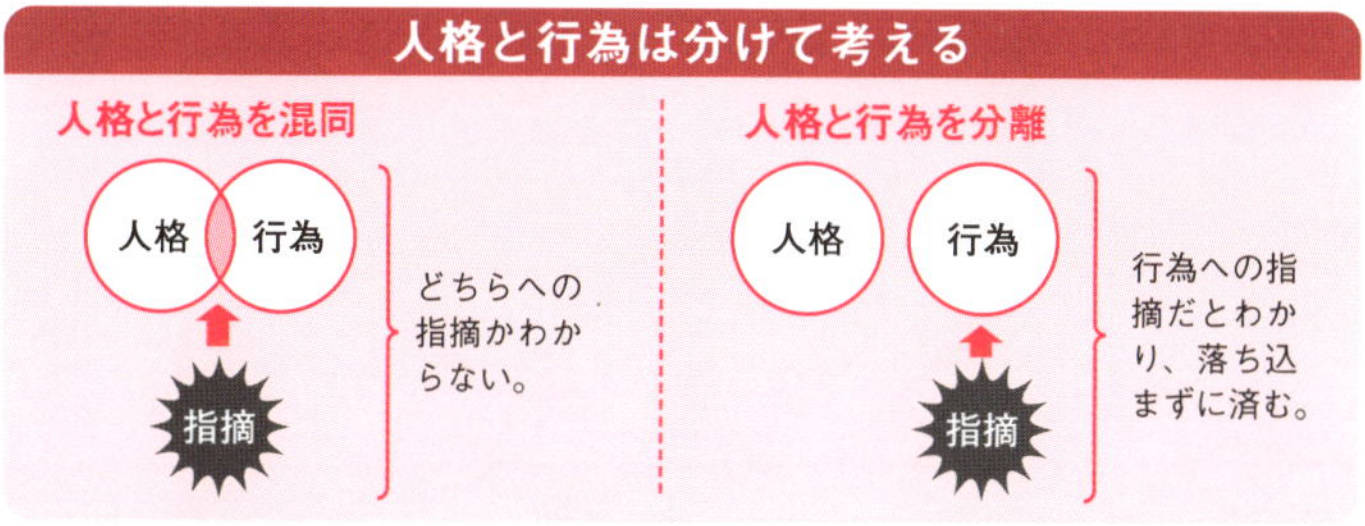
人格と行為は分けて考える
人格と行為を混同
人格
行為
指摘
どちらへの指摘かわからない。
人格と行為を分離
人格
行為
指摘
行為への指摘だとわかり、落ち込まずに済む。

ですので、周囲の人からミスを指摘されたからといって、自分の人格が否定されたわけでも、攻撃されたわけでもありません。**人格と行為を分けて考えると、コミュニケーションも円滑に進んでいく**でしょう。

これは逆の場合でも注意したいものです。自分が誰かのミスを指摘するときも「ミスをするあなたはダメな人だ」といった見方に立っていないでしょうか。あくまでその行為がダメなのだと認識したうえで指摘をするようにしましょう。

活かす！　心理テクニック

意見の違いも怖くない

会議で自分とは違う意見をいわれると、ひるんでしまう。こんなときも、人格と行為を分けて考えましょう。異なる意見は、自分の人格への否定ではありません。意見が違うことを怖がる必要はないのです。

18
アドラー心理学

老いや死が怖い

避けられない課題に対して、漠然とした不安がある

死や老いを受け入れ前向きに過ごしていく

人は誰でも年を重ねていきます。老いれば能力の衰えを感じることもありますし、病気のリスクも増えます。いずれは必ず死を迎えますが、その後どのような世界が待っているのかは誰にもわかりません。考え出すとキリのない問題であり、**漠然とした不安を抱くのも当然**の話です。

ですが、それらは**生きている限り避けられない課題**です。悩みすぎて**行動できない状態は、無為《むい》な時間を過ごしている**ともいえます。

そこで必要となるのは、**避けられない課題を受け入れる勇気**です。いつか訪れる老いや死を受け入れ、そのうえでいかに幸福に過ごしていくかに意識を向けていきましょう。

老いや死を受け入れる方法

誰しも生きていれば老いや死を経験します。いくら不安を覚えていても、その感情がなくなることはないので、考え方を変えてみましょう。

老いへの不安

- 筋力や体力など身体的な機能が衰える
- 脳の機能が衰える
- 社会的ステータスが変わる　など

死への不安

- 痛みや苦しみがある可能性
- 死後の世界が不安
- やり残すことがないかという焦り　など

ふたつの方法で不安を乗り越える

① 受け入れる勇気をもつ

老いや死は終わりのない悩みであるため、悩むよりも今とこれからをどう幸せに生きるかを考えたほうが建設的と考えるようにする。

② 変えられる課題に焦点を当てる

老いや死は避けられない課題であるが、それ以外の課題は自分で解決できることも多い。変えられる悩みだけに集中し、それらを変えていく勇気をもつ。

「年を取ってなにもできなくなった」と「できていないこと」に目を向けているのは「劣等コンプレックス」（▼P171）に陥《おちい》っているとも考えられます。「コップの水理論*」で「もう半分しか水がない」と思うか「まだ半分ある」と思うかは自分次第。それに、年を重ねても、できることはたくさんあるはずです。なにより得てきた経験は唯一無二。また、**できないことには、どのように対処すればいいのかを考える**ほうが建設的な生き方につながります。

豆知識　不幸だと寿命も縮まる？

幸福感は寿命に影響するといわれます。幸せな人ほど長生きするという研究結果は少なくありません。死や老いをネガティブにとらえるのではなく、受け入れたうえでポジティブに過ごしてみましょう。

WORD **コップの水理論**…コップに半分入った水を「もう半分しかない」と見る人もいれば、「まだ半分もある」と見る人もいる。同じものごとでも、ポジティブにもネガティブにもとらえられること。

19
アドラー心理学

疲弊し切って気力が出ない

疲れていて、新しいことに挑戦する意欲がわかない

5つのポイントを踏まえ勇気づけをする

人は生きていれば、さまざまな困難に直面します。そして、私たちにいつでもその困難を克服する力があるかといえば、そうでもありません。あまりに厳しい目標、出口の見えない作業など、考えただけで疲れてしまい、挑戦する気力なんてない…。

アドラー心理学では、このような状態に対して、困難を克服する力を与える**勇気づけ**を重視します。勇気づけのポイントは次の5つです。

まずダメ出しに代わる**ヨイ出し**をすること。前向きな行動に向けて背中を押すことができます。

次に**加点主義**。マイナスを見つける減点主義でなく、プラスを見つけて具体的に示します。

コミュニケーションを円滑にする方法

勇気づけの際には「相手（あなた）」を主語にする「ユー・メッセージ」よりも、「私」が主語の「アイ・メッセージ」を用いることがポイントです。

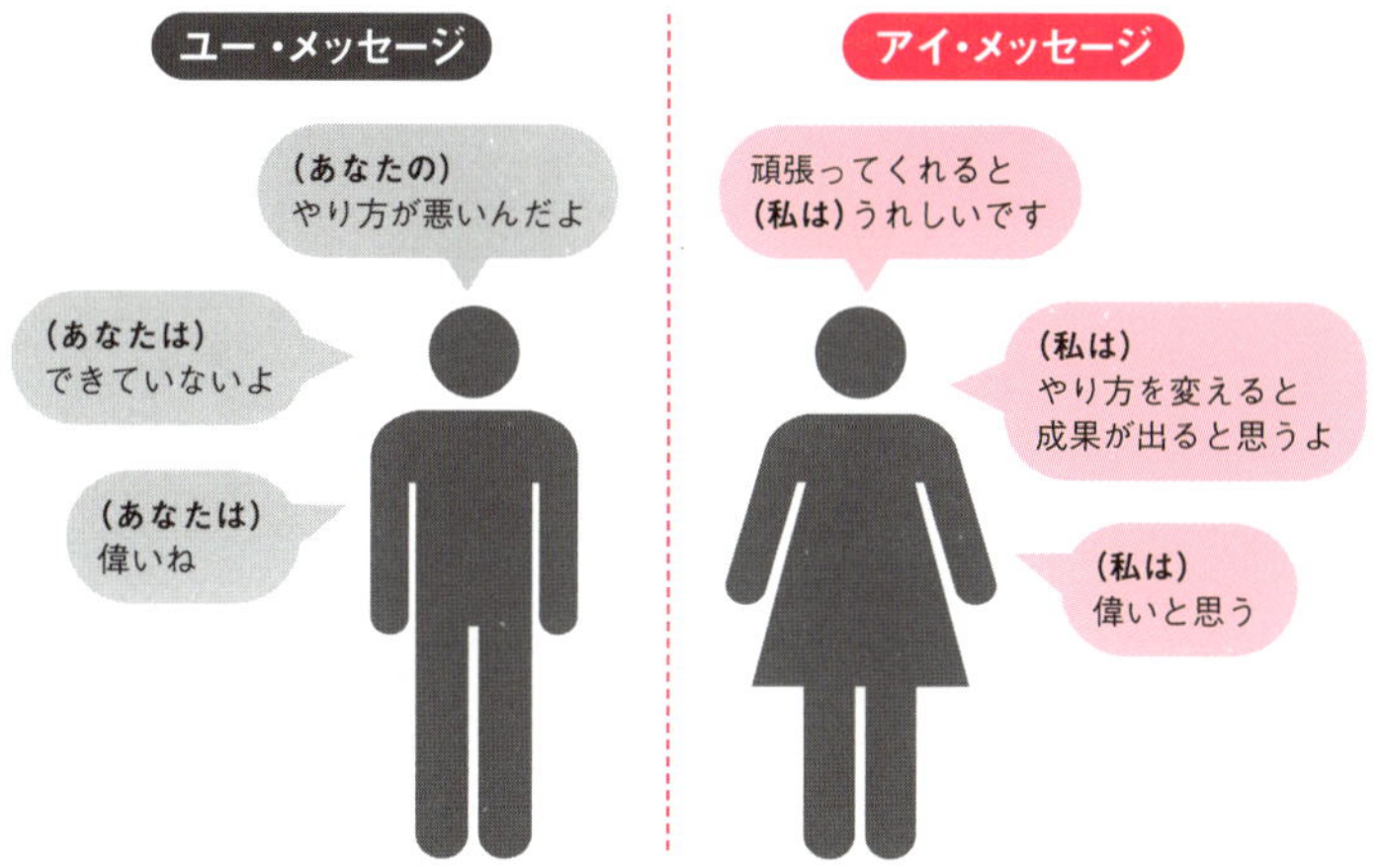
ユー・メッセージ
（あなたの）
やり方が悪いんだよ
（あなたは）
できていないよ
（あなたは）
偉いね
アイ・メッセージ
頑張ってくれると
（私は）うれしいです
（私は）
やり方を変えると
成果が出ると思うよ
（私は）
偉いと思う

ユー・メッセージでは決めつけや非難、または服従させようというニュアンスがありますが、アイ・メッセージでは相手を尊重しながら自分の気持ちなどを伝えることができます。

さらに結果でなく**プロセスを重視**します。目標に達したかどうかより、過程の努力に目を向けます。そして、たとえ失敗に終わっても**失敗は成長の糧《かて》として受け入れます**。

また**感謝を伝えること**も大切です。相手がしてくれた行動に「すみません」と返すのでなく「ありがとう」ということで、自分を卑下《ひげ》せず相手を認めることになります。

勇気づけが実践できれば、自分自身を認める力がわき、困難を克服する力につながります。

活かす！ 心理テクニック

根っこに尊敬と信頼を

勇気づけには相互尊敬*・相互信頼を踏まえることも大切です。人それぞれに違いはあっても、尊厳をもって接する。相手の行動の善意があることを信じる。これらの前提をもって勇気づけをしていきましょう。

WORD **相互尊敬**…立場、年齢、性別、能力、国籍、思想、宗教などの違いに限らず、お互いに尊敬し合う関係性。相手を自分と同じ価値をもつ人間として重んじること。

変わる自分を邪魔する存在に気づこう

自分へのダメ出しばかりをしていては、前に進む気持ちもしおれます。
ダメ出しは、勇気づけとは逆の「勇気くじき」ともいわれます。

「勇気くじき」ってどんなこと?

アドラー心理学では、困難を克服する力を「勇気」と呼び、その力を養う行動を「勇気づけ」、その力を奪う行動を「勇気くじき」と呼びました。

勇気づけ

自分や他人に対して、困難に立ち向かって克服するための力を与えること。結果ではなく過程を重視して、失敗は成長の糧とみなします。加点主義で、いいところを見つけていきます。

勇気くじき

勇気くじきとは、困難を克服する力を奪うことで、勇気づけとは真逆の言動です。自分や他人の悪い(と思い込んでいる)部分だけを見て、できなかったことを責めたり、ダメ出しをしたりすることなど。

日常にひそむ勇気くじき

「勇気くじき」は私たちが困難に立ち向かう力を奪ってしまうため、できるだけ取り除いていくことをアドラー心理学は目指しています。次のような考えが浮かびがちな人は、気をつけてみましょう。

どうせ自分なんて
期待されていない
あのときはたまたま
ラッキーだった。
自分の実力じゃないよね
あの人みたいになれないなら
最初からやらないほうがいい
こんなことで傷つく
自分は弱い人間だよな

勇気くじきを取り払うために

自分自身の居場所をもつ

家族、職場、趣味や地域のコミュニティなどで「ここは自分の居場所だ」と思える感覚をもつことが大事です。これを「所属感」といいます。所属感があることで、自分が孤立していない安心感が育まれます。また所属感を得ると、所属している人々に対し「協力しよう」という気持ちにもつながり、３つ目に紹介する「貢献感」にもつながります。

まわりの人を信頼する

「この人は信頼できる」「この人から信頼されている」という「信頼感」は、勇気くじきから抜け出すための大きな力になります。信頼感があれば、相手を恐れたり、不安になったりしてそわそわすることも減ります。誤解やトラブルがあったとしても乗り越えやすくなり、ものごとを前に進めていけます。

社会に対して自分が役立っている実感をもつ

所属しているコミュニティや世の中に対して、自分自身が役に立てていると思えると、自己受容感が高まり、自信もわいてきます。これが「貢献感」です。「誰かのためになれている」ということが実感できるとより一層、勇気づけに不可欠な共同体感覚が育まれます。

自分を認めることも大切

自分に対して、勇気づけをするためには「自己受容」も欠かせません。自己受容とは、ありのままの自分を、ほかでもない自分が認めるということです。過去の失敗、今いる自分の至らない点、一方でちゃんとできている点なども含めて、すべてそのまま自分です。「できていない自分」は「ダメな自分」を意味しません。受け入れたうえで、理想とする未来のために自分を変えていきましょう。

20
アドラー心理学

後ろ向きな性格を変えたい

自分の性格が嫌だけど、変え方がわからない

ライフスタイルを知って共同体感覚を得る

「自分の性格が大嫌い」。繊細な人ほど、こんな悩みもあるかもしれません。アドラー心理学で、性格に近い概念をあらわす言葉に**「ライフスタイル」**があります。一般的な「生活様式」という意味ではなく、**その人の行動や考え方などの原則をあらわす言葉**です。

ライフスタイルは、親からの遺伝などの身体的なものと、生まれ育った家庭や文化などの環境という、ふたつの影響を受けて形成されます。ただ現状のライフスタイルは**自分自身が選び取ったもの**だと、アドラーは考えます。そのため**自分が望めば別のライフスタイルを選ぶことも可能**。つまり「後ろ向きな自分」も変

・ライフスタイルの3要素・

その人特有の考え方や行動などを総合した性格をライフスタイルと呼び、次のような特性をもちます。

自己概念	自分自身への信念。「私は○○だ」と、行動や考え方の傾向について思うこと。
世界像	世界の現状への信念。人や社会など、自分の周囲の世界に対する思い。「世界は○○だ」という認識。
自己理想	自己と世界への理想。「○○であるべき」「○○であってほしい」という理想。

ライフスタイルが形成される過程

ライフスタイルは、人がさまざまな経験をくり返すうちに「こういうときは、こう行動しよう」と学習することで形成される。

えることができるのです。

ライフスタイルには3つの要素があります。**自己概念**（自分自身への信念）・**世界像**（世界の現状への信念）・**自己理想**（自己と世界への理想）です。自分がどのような理想に、どう向かっているのか。自分なりの原則を知ると、ライフタスク（▼P158）を乗り越えやすくなります。

とくに共同体感覚（▼P147）をもつことができると、幸福なライフスタイルを選び取ることができます。

豆知識　家庭環境の影響力

ライフスタイルは家族構成、親の価値観、兄弟姉妹との関係性など家庭環境の影響を強く受けます。親の接し方から子どもは「自分はこんな子だ」と思います。そこで子自身が「こう行動しよう」と考え、ライフスタイルを選ぶことになります。

自分にプラスの言葉を投げかけよう

自己紹介やちょっとした会話などで、自分のことをどのように説明しているでしょうか。マイナスな自己紹介は、自分自身を縛ってしまう可能性があります。

「セルフ・トーク」で自分自身をポジティブに

自分のなかで、自分自身と対話をすることを「セルフ・トーク」といいます。ネガティブなセルフ・トークをくり返していると、そのイメージが自分に刷り込まれてしまいます。「不器用だ」「コミュニケーションが下手だ」などという言葉から、そういう自分自身のイメージ像がつくられてしまうのです。このイメージ像を「セルフ・コンセプト」といいます。ポジティブなセルフ・トークで、ポジティブなセルフ・コンセプトをつくるようにしましょう。

自分って、
ホントにダメだな…

自己紹介の例

マイナスの言葉で
自分を表現
融通が利かなくて
頑固
些末《さまつ》なことばかり
気になる

ネガティブなセルフ・コンセプトがつくられると、「○○だから仕方ない」とその課題から逃げたり、「自分は○○だからダメなんだ」と悲観的な思いを抱き、ストレスが募る可能性もあります。

プラスの言葉で
自分を表現
ぶれない
芯がある
小さいことまで
気がつける

プラスの言葉を発していると、自ずとそこでつくられたポジティブなセルフ・コンセプトに合わせて行動することに。また、自分で発した言葉を「達成しよう」という責任感も生まれます。

セルフ・トークを実践してみる

コミュニティでの自己紹介

引っ込み思案で意見をいうことが苦手です

↓

その場の和を大切にして、人の意見に耳を傾けます

仕事で時間がかかる

ほかの人は気にしないことまで気にしていて作業が遅い

↓

細かいことまでていねいに作業できている

環境の変化に敏感

周囲の環境ばかり気にして、過敏に反応している

↓

神経が細やかで、環境の変化をいち早く察することができる

勇気をくじくログセに注意！

セルフ・トークで、マイナスの言葉づかいがないかも意識しましょう。ノートにセルフ・トークを書いてみると、ログセに気づきやすくなります。例えば、「どうせ」「絶対に」という言葉はネガティブなセルフ・コンセプトにつながりやすいです。また「でも」が多ければ「Yes, And（はい、そして）」にいい換えてみるのもいいでしょう。

ココロがわかる!　心理テスト ③

お小遣いの使い道は?

Q 突然、お小遣いをもらうことができたあなたは、普段なかなか変えていなかった買い物をしようと考えました。以下のA～Eのうち、あなたが買いたいものを選んでください。

A

最近人気が
高まっている
お店のスイーツ

B

話題になっている
書籍

C

最新の
ゲーム機

D

新しい
スマートフォン

E

ずっとほしかったものの
高価で買えていなかった
骨董品

◀◀◀ この心理テストの解説はP252

PART 4

自分を知って、自分を変える 心理学と心のケア

心理学の知識は悩みの軽減に大きく役立ちます。
とくに、凝り固まった考えに気づき、
改善をうながす認知行動療法の知識は、心をケアするうえで効果的です。

01
自分を変える

説明がいつもちぐはぐになる

話していると、頭の中がこんがらがってくる

ワーキングメモリが弱っているのかも

発表やプレゼンをすると、説明がちぐはぐになる。とくに複雑な内容ほど話の筋がおかしくなる。他人の話が長くなると言葉が頭に入ってこない…。このような経験がある人は多いのではないでしょうか？ それは、もしかしたら頭の中の**ワーキングメモリ***のはたらきが少し悪くなっているのかもしれません。

ワーキングメモリは**情報を一時的に保持する機能**をもち、発達障害とも関係がある要素であると臨床心理学では考えられています。私たちは普段、このワーキングメモリを使い生活していますが、例えば言葉にかかわる**言語性ワーキングメモリ**が弱まると、**会話がかみ合わなくなった**

WORD **ワーキングメモリ**…脳の機能のひとつ。情報を一時的に保つことでものごとの処理を可能にする。「言語性ワーキングメモリ」と、視覚や空間にかかわる「視空間性ワーキングメモリ」（▶P196）がある。

ワーキングメモリの特徴

ワーキングメモリは、一時的な記憶を保つ脳の機能。
この機能のおかげで私たちは普段、会話などをおこなうことができます。

正常なワーキングメモリ

ワーキングメモリが正常に機能していると、相手の言葉を短期的に保管して理解し、適切に返答するなどの情報処理ができる。

不調なワーキングメモリ

ストレスなどによりワーキングメモリの機能が弱くなると、情報を正しくキャッチできなくなり、適切に行動することが難しくなる。

り、複雑な内容に対して理解ができなくなったりします。

こんなときは過度なストレスに起因していることがあるため、まずは休養をとって、**頭をリフレッシュ**しましょう。「話がちぐはぐになっている」と感じるときは、**視覚情報を活用**するのもグッドです。説明するときは、イラストや図を活用しましょう。説明する自分も話の筋を見失いません。他人の話を聞くときも、メモだけでなく、イメージで内容をとらえると理解しやすくなります。

活かす！ **心理テクニック**

複雑な作業を指示されたら？

まず具体的な作業に分解して、それらを順番に並べましょう。例えば、「お客さんにメール」→「要望を聞く」→「エクセルでまとめる」→「担当者に確認」→「上司に報告」と並べれば、混乱しにくくなります。

02
自分を変える

見たはずなのに思い出せない

ビジュアルでとらえることが不得意

空間など視覚情報での記憶力が落ちているかも

ワーキングメモリには言語性ワーキングメモリのほかにも、**視空間性***ワーキングメモリ**というものがあります。見たことを他人に伝えるのが苦手だったり、イメージを用いて話すと混乱してしまったりすることがあれば、視空間性ワーキングメモリのはたらきが低下しているのかもしれません。視空間性ワーキングメモリは**視覚や空間の情報を一時的に保って処理する脳の機能**を担っています。この機能が低下すると、情景の記憶や暗算など、ビジュアルでものごとを処理することが難しくなります。

また言語性、視空間性どちらのワーキングメモリでも、容量が少ない

WORD **視空間性ワーキングメモリ**…視覚情報を一時的に保持し、処理する機能。この機能によって、字を書いたり、イメージを用いた会話などができるようになる。

・2種類のワーキングメモリ・

ワーキングメモリには、「言語性」と「視空間性」の２種類があり、ほかの機能と合わせて一時的な記憶、思考に使われます。

視空間性ワーキングメモリ

視覚情報を一時的に保持して処理する。

言語性ワーキングメモリ

音声情報を一時的に保持して処理する。

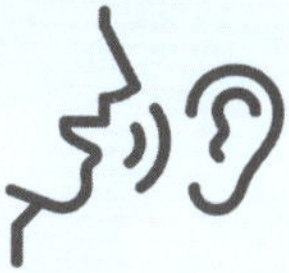

中央実行系
つながりをもつ３つの要素を制御する。

視空間スケッチパッド
視覚的な情報を記憶・処理する。

エピソードバッファ
音と視覚情報を記憶して、長期記憶につなげる。

音韻ループ
音に関する情報を記憶・処理する。

と新しい情報を受け取ることが難しくなり、脳が疲れやすくなって**集中力の低下**にもつながります。

　ワーキングメモリの調子が落ちていると感じたら、まずは頭を休めてリフレッシュを心掛けましょう。また、情報を扱うときには口頭だけでなくイメージなどの視覚情報を用いるなどの工夫をすることがおすすめです。**ふたつのワーキングメモリは相互に補完しあう**ので、視覚情報をうまく使うことで、ワーキングメモリの無駄づかいを減らせます。

活かす！　心理テクニック

マルチタスクはしない

　ワーキングメモリが弱くなると、複数の作業を同時に進める「マルチタスク」ができなくなります。いったん複数の作業はやめ、目の前の作業に集中するようにしましょう。「やることリスト」を作るのも効果的です。

03
自分を変える

悪口をいわれている…？

現実でないことを信じ込んでしまうときも

あれ？ 誰かの声が聞こえる気がする…
…
でさ
あの人、ダサいね
性格も悪そ～
くるっ
だれ？
誰かに悪口をいわれた気が…
？ 誰もいってないよ
…いや！ たしかに聞こえた！
そ、そんなことないと思うけど…

根拠のない誤った情報も真実として信じ込む

職場などで誰かが自分の悪口をいっている気がする。ネットで見かけた誰かの書き込みやコメントを読むと、自分についていわれたと思い込んでしまう。考えがまとまりにくく、書いていることや話していることが支離滅裂になる…。

もし、このようなことがあったのなら、**統合失調症***の疑いがあるかもしれません。統合失調症は精神疾患のひとつで、よく見られる症状は**幻覚と妄想**です。例えば、自分が悪くいわれていると思い込んだり、誰かが自分を監視していると思い込んだりします。実際に起きていないことを**あたかも現実のように感じる**ようになるので、周囲の人が「そんなこ

WORD **統合失調症**…精神疾患のひとつで、原因は不明。幻覚や妄想、意欲の欠如などの症状があらわれる。多くのケースは思春期から青年期にかけて発症する。本人が病気になったという自覚がないことも多い。

統合失調症であらわれる症状

統合失調症には、普段見られない状態があらわれる「陽性症状」と、もともと自分にあったものが失われる「陰性症状」があります。

主な陽性症状

幻覚
現実にはないものが、あるように感じる症状。その中でも、聞こえるはずのない声が聞こえる「幻聴」は、あらわれやすい症状のひとつ。

妄想
現実にはありえないことを信じ込む症状。自分を陥《おとしい》れようとしていると思う「被害妄想」や、なんでも自分に結びつける「関係妄想」など。

思考障害
考えがまとまらなくなり、話すことなどが支離滅裂になる症状。相手にうまく伝わらないことも、ツラさのひとつになることがある。

主な陰性症状

感情の平板化《へいばんか》
感情の動きが鈍くなり、喜怒哀楽の表現がうまくできなくなる症状。他人に共感することも難しくなる。

意欲の欠如
自分からなにかをやろうとする意欲がなくなる症状。身の回りのことに興味や関心を示さなくなり、家事などの日常生活に取り組むことができなくなる。

自閉
自分の世界に引きこもり、他人とのコミュニケーションをとらなくなる症状。友達や家族などとかかわることを避けがちになる。

とないよ」といっても、なかなか受け入れられません。また、考えがまとまらなくなり、話や思考を一貫させられないという症状も出ます。

　まずはしっかりと休息と睡眠をとりましょう。そして、自分で取り組める心理療法などでストレスを管理していきます。**適度な運動やバランスのとれた食事も大切**です。病気になったという自覚がないことも多いので、「あれ、おかしい？」と思えるうちに、専門家に相談することも検討してみてください。

豆知識　どんな治療があるの？

抗精神病薬や睡眠薬、抗不安薬などの薬を使った薬物療法を基本にして、認知行動療法（▼P216）やソーシャルスキルトレーニングSST（生活技能訓練）などの心理社会的療法、運動療法などがおこなわれます。

気分の高低差が大きい

自己肯定と自己嫌悪が行ったり来たり

気分の振り幅の大きさに心が疲れてしまう

「今日はすごく絶好調！」と思えて気分がとても軽く、エネルギーに満ちあふれて、しばらくの間ずっとハイテンション。睡眠時間が足りなくても、まったく疲れを感じない。

しかし、しばらくすると真逆の気分に。体がだるく、食欲もない、やる気がまったく出ず、なにをしてもすぐに疲れる。そして自分を大嫌いになって責め続けてしまう。でも、またしばらくすると再び気分が高揚して、自信に満ちあふれてきて……。

誰にでも気分の波はあります。しかし、うつ病（▼P203）のような**極端なロー状態（うつ状態）が続いたあとにハイ状態（躁《そう》状態）に変わるような激しい気分の波**を長期的にく

気分の波が激しい双極性障害

双極性障害とは、気分が高揚する躁《そう》状態と、
気分が落ち込むうつ状態がくり返される心の病気です。

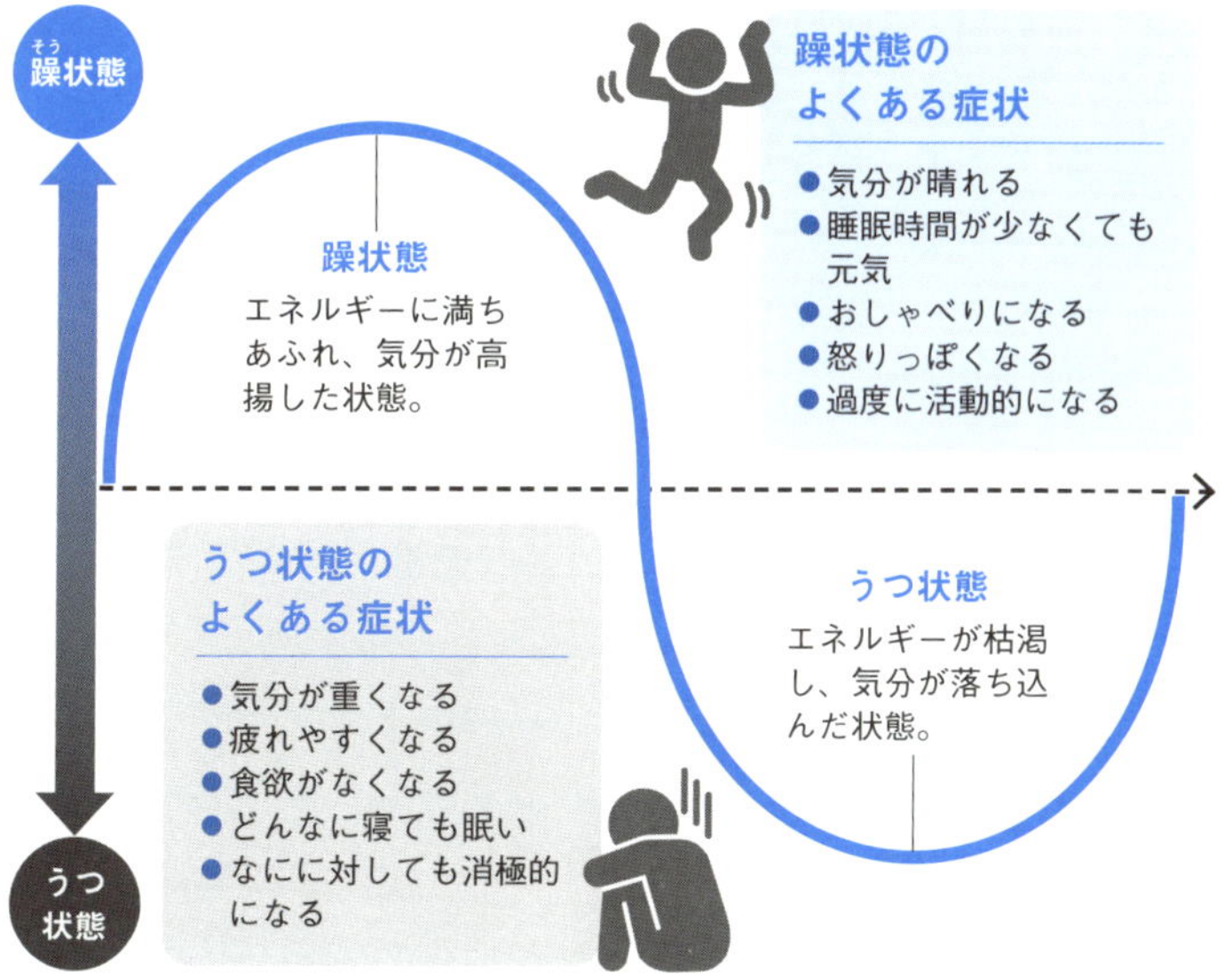
躁《そう》状態
うつ状態
躁状態
エネルギーに満ちあふれ、気分が高揚した状態。
躁状態のよくある症状
●気分が晴れる
●睡眠時間が少なくても元気
●おしゃべりになる
●怒りっぽくなる
●過度に活動的になる
うつ状態のよくある症状
●気分が重くなる
●疲れやすくなる
●食欲がなくなる
●どんなに寝ても眠い
●なにに対しても消極的になる
うつ状態
エネルギーが枯渇し、気分が落ち込んだ状態。

り返すならば、**双極性障害***の疑いがあるかもしれません。

周囲から「どうしちゃったの？」と心配されるほど**ローテンションになったり**、その一方で仕事や私生活に支障が出るほどの**ハイテンションになったり**したら危険信号です。毎日の気分の変化を観察し記録すると自分の精神状態を客観的に知れるため効果的です。また、生活リズムが崩れると気分の波が大きくなるので、規則正しい生活を心掛けることからはじめるのもよいでしょう。

豆知識　うつ病に似ている？

双極性障害は、うつ病とは異なって「躁《そう》状態」があります。そのため、治療の方法も異なります。また、躁状態には軽い場合があり、ときに見落とされます。うつ病と間違われることもあるので注意が必要です。

WORD **双極性障害**…精神疾患のひとつで「うつ状態」と「躁状態」をくり返す症状。サイクルは人によって異なり、1年に数回くり返すケースもあれば、数年かけてくり返すケースもある。

05
自分を変える

毎日、気分が落ち込む…

今日もなにもできずに、1日が終わる

「抑うつ状態」を長引かせないようにする

せっかくの休日まで、気分が落ち込んでなんにもやる気が起きない…という状態が続いているなら、注意が必要です。なんらかの原因（ストレスなど）で、心が**「抑うつ状態」**になっているのかもしれません。

なにをするにも「おっくう」。趣味をやっていても「つまらない」。好物を食べても「おいしくない」。体が重くて「だるい」。誰にも「会いたくない」。異性への関心が「枯れた」。ものごとが「決められない」。集中力がなくなり「効率が落ちた」。夜になっても「眠れない」。このような状態になっていないでしょうか。

これらはすべて抑うつ状態の代表例です。健康な人でもこのような状

・うつ病かもしれないサイン・

うつ病は「心の風邪」ともいわれますが、本人にとってはとてもツラい症状になります。うつ病の兆候があれば早めに対処しましょう。

うつ病のサインをチェック

- □ 気分が重い
- □ なんにも興味がわかない
- □ なにかに焦っている感じがする
- □ 食欲がなくなる
- □ 寝つきが悪く1日中眠い
- □ いきなり泣きたくなる
- □ 不安が常に頭を駆け巡り続ける
- □ 人に会いたくなくなる
- □ 飲酒する量が増える
- □ 性欲がなくなる

上記に多くあてはまる人は、原因と思われることから距離を置いて休養をとることが大切。勇気を出して、専門家に相談してみるのもひとつの手段。

態になることはありますが、その状態が**どれも強く、長く続いている**のであれば要注意。無理をせず、心のケアを優先しましょう。「うつ病」*になりかけている可能性もあります。

まず、仕事や人間関係のストレスなど、**抑うつ状態をつくり出している原因から離れる**方法を探して実行しましょう。また、**ものごとの見方や行動の仕方を変える**のもひとつの方法です（▼P214）。思い切って、今のツラい状態を信頼できる人や専門家に相談してみましょう。

豆知識　うつ病かも…と思ったら

抑うつ状態がひどくなる前に、病院に行くという判断が重要です。その際は、「精神科」や「心療内科」という診療科がある病院、あるいは病院名に「メンタルクリニック」と入っている病院を選びましょう。

WORD **うつ病**…「うつ病」は病名で、気分の落ち込みや不眠、食欲低下などがいつまでも続き、日常生活も困難になり、自殺したい気持ちが強くあらわれるなどの症状が見られる。一時的な抑うつ状態とは異なる。

急に不調と恐怖が押し寄せる

異常がないのに体調が急変し「本当に死ぬ」と思う

体が突然おかしくなり死の恐怖におそわれる

突然、理由もなく心臓が激しくバクバクとなって体がふるえだし、汗がダラダラと出てくる。胸も締めつけられて息ができなくなり、めまいや吐き気もしてきて、立っていられない…。

でもしばらくすると急に元通りになり、病院に行っても「異常なし」。それでも安心できず、「発作が起きたらどうしよう」と不安になり、人混みや電車、エレベーターなどの閉鎖的な場所に行くことが怖くなる…。

こういった経験があるのであれば、**パニック障害***（**パニック症**）の可能性があります。パニック障害とは精神疾患のひとつで、急に起こる動悸や呼吸困難、ふるえ、めまい、強い

WORD **パニック障害**…突然の強い恐怖や不安におそわれ、身体的にもさまざまな反応があらわれる精神的な障害。発作の再発を恐れる「予期不安」により行動が制限され、日常生活に支障が出る。

パニック障害のメカニズム

パニック障害とは以下のような症状をくり返し、
その悪循環に陥《おちい》る病気です。

パニック発作

パニック障害の中心となる症状。激しい動悸・呼吸困難・ふるえ・めまいなどが突然起こり、それがくり返される。

広場恐怖

発作が起きたときに、すぐに逃げられない場所を恐れること。これにより、そのような場所を避けるようになる。

予期不安

パニック発作をくり返すうちに「発作がまた起きるのではないか」という不安におそわれる。

うつ病の併発のおそれも

パニック障害が慢性化してしまうと、合併症としてうつ病を発症してしまうことも。悪化する前に専門家に相談することが大切。

不安などをともなう**パニック発作**をくり返すことが特徴です。

　原因はストレスによることがほとんどです。仕事などによるものであれば、**まずは休息**をとることを考えましょう。また、あえて**不安や恐怖を感じる状況を避けない**ことも重要だといわれています。恐れていたことは実は恐怖でないことを理解することで、克服していくのです。発作が起きそうになっても、**一定のリズムでゆっくりと呼吸**をするなどして、緊張を和《やわ》らげましょう。

豆知識　どんな治療をするの？

　抗うつ薬や抗不安薬などを用いた薬物治療が基本。認知行動療法（▼P216）や、不安や恐怖の原因や状況に向き合ってその刺激を減らす暴露療法を併用すると、治療効果が高まるといわれています。

手洗いを何度もしてしまう

不安や不快感を打ち消す行為をやめられない

お腹すいたね！
なに食べようか？
ごめん
やっぱり
手を洗ってくるね
わかった〜
おまたせしました
ごめん
もう1回
手洗ってくるわ
OK
食べるの
待っとくよ
ごめん
また
手洗ってくるわ
う、うん…？

「意味がない」と思ってもその行為をやめられない

手をいくら洗っても「まだ汚い気がする」「病原菌がまだついているような気がする」などと気になって、いつまでも洗い続けてしまう。また、ドアの鍵をかけ忘れていないか、あるいはガスコンロの火を消し忘れていないかと気になって、何度も確認してしまう…。

このような例に思いあたることがあれば、それは**強迫性障害***のサインかもしれません。なにかに強迫されているように感じて、その恐怖を取り除くための行為を何度もくり返す状態のことをいいます。物の配置や作業の手順など、自分が決めたやり方に固執したり、縁起のいい数字や悪い数字にこだわりすぎたりする場合

WORD **強迫性障害**…不潔や加害への恐怖や異常な確認行為や儀式行為、数字への強いこだわりなど、まるでなにかが自分を強迫していると感じ（強迫観念）、その恐怖を解消する行為（強迫行為）をくり返す。

強迫性障害の主な症状

強迫性障害でよくある症状の特徴には、以下のようなものがあります。

不潔恐怖と洗浄

汚れや細菌で汚れる恐怖から過剰に手洗いなどをくり返す、手すりなどが不潔だと感じて触れないなど。

加害恐怖

実際にそうではないのに誰かに危害を加えたかもしれないと考え、警察や周囲の人に不必要に確認したりするなど。

確認行為

戸締まりや火の元、電気のスイッチを何度も確認したり、手でさわって確認したりするなど。

儀式行為

自分の決めたルールでものごとをおこなわないと、恐ろしいことが起きるという不安から、常に同じルールで仕事や家事をするなど。

物の配置・対称性などへのこだわり

物の配置に強いこだわりがあり、必ずそのようになっていないと不安になる。

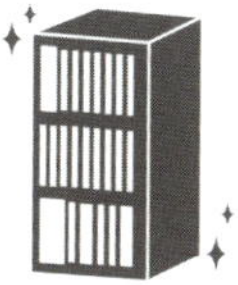

数字へのこだわり

不吉な数字や幸運な数字に、縁起をかつぐというレベル以上にこだわる。

も、強迫性障害の可能性があります。

このような場合には、まずは不安や恐怖の原因となっているもの（不潔や鍵のかけ忘れなど）に向き合って、**いつもやってしまう行為を我慢**してみましょう。例えば、わざと手を汚して洗わないようにする。家の鍵をかけて外出し、「鍵をかけ忘れたかな」と思っても確認に戻らないようにする、といった具合です。症状の抑制をくり返すことで、**自分を強迫していた不安や恐怖を小さくで**きることがあります。

活かす！ 心理テクニック

認知行動療法が効果的

強迫性障害には認知行動療法（▼P216）が有効です。例えば「どんな場面や刺激で症状があらわれるのか」「どんなときに不安になるのか」「その結果、どんな行為をするのか」を客観的に把握して修正していくのです。

08
自分を変える

痩せても痩せ足りない

いくら体重が減っても理想への欲求はエスカレート

体重や体型への強すぎるこだわり

憧れの体型になりたい。そう思ってダイエットをがんばったら、体重を落とすことができてうれしかった。でも、理想の体になれなくて「もっと痩せなくちゃ」とダイエットを続行。やがて、少しでも体重が増えると恐怖を覚え、食事も拒否するように。一方で、ときどき「食べたい」という強い衝動にかられて大食いをしてしまい、意図的に食べた物をすぐに吐き出す……。

ダイエットをしても「もっと痩せなきゃ」と思っていませんか。食事のときに「食べれば太ってしまう」と強い不安を感じていませんか。食べたことに強く後悔し、吐き出そうとしていませんか。もし思いあたる

・摂食障害の分類・

摂食障害には、以下のように分類される症状がそれぞれあります。

拒食症

神経性やせ症（制限型）

正常な体重を下回っているにもかかわらず、食べること自体を制限・拒否し続けて体重が減少する状態。精神的にも抑うつ気分が強くなる。

神経性やせ症（排出型）

すでに痩せているにもかかわらず、食べた物をほとんど嘔吐《おうと》し、体重が減少する状態。制限型と同様に精神的影響もあり、集中力の低下なども見られる。

過食症

神経性過食症

食べる量をコントロールできなくなり過食をしてしまう病気。過食するものの、自分の体重を維持できる程度に嘔吐をくり返す。嘔吐が激しい場合、過食と嘔吐の悪循環が長引く。

過食性障害

過食をするがとくに嘔吐などもなく、不快感がありつつも過食し続ける状態。肥満患者との違いは、食べる量を調節できないという点。

ところがあるならば、それは**摂食障害***のサインかもしれません。それは、体重や体型に対する行きすぎた関心や行動によって、心身の健康に深刻な影響を及ぼす病気です。

まずは、**自分の行動の意味を見つめ直してみましょう。**続ければ、体だけでなく**精神的にも深く病んでしまうこともあります。**食べた物を記録して、客観的な視点から必要な栄養をとれているか評価します。誰かがつくった「理想」に惑わされないようにすることも大切です。

豆知識　過度な痩せたい願望は危険

体型や体重に対して過度な「理想」は掲げてしまいがち。そんな傾向があるかもという人は、自分への評価を見直してみましょう。今の自分のポジティブな面を記録していく方法（▶P236）などが効果的です。

WORD **摂食障害**…極端な食事制限、拒食、自制できない過食、意図的な嘔吐など、食事の異常行動が続く。体重や体型に強すぎるこだわりがあることも多い。若い女性に多いが、年齢や男女問わずに発症する。

心の不調は専門家に相談しよう

心の不調は、放っておくと悪化しかねません。正しいセルフケアは、軽い症状なら有効ですが、症状が重くなってしまうと効果に限界があります。「このやり方ではちょっとダメかも」と不安を感じたら、専門機関への相談を考えてみましょう。

心の病気は判断が難しい

多くの身体の病気と異なり、心の病気は目に見えません。症状としてあらわれる感情、認知、行動も多様で複雑です。また、人によってそのあらわれ方や様子も異なります。同じような抑うつ状態でも、ある人はうつ病であり、別の人は適応障害である可能性があります。心の病気を正確に判断するためには、幅広い専門知識と多くの経験が必要です。

心の問題を扱う「臨床心理学」とは?

臨床心理学は、心の健康に関する問題に取り組み、苦しんでいる人を支援することを目的とした実践的な心理学です。そのアプローチには、さまざまな心理療法やカウンセリングが含まれます。人間全般ではなく、一人ひとりを重視するのが特徴で、個人の心の問題をとらえて個別に解決していくことを目指します。

「心が不調かな?」と思ったら

心の病気の多くは回復が期待できます。大事なのは、早めに治療をはじめることです。悪化する前に、その人に合った治療を受けることが早期回復につながります。「心が不調かな？」と思ったら、専門家に相談しましょう。

公認心理師

国家資格のひとつで、心の問題を抱える人に対して、心理学の専門的な知識と技術を使って解決を支援する専門家です。相談者にはカウンセリングをおこない、心理学の広範な知識を使いながら、その問題解決を図っていきます。

精神科

診療科のひとつで、うつ病、適応障害、不安障害、統合失調症、双極性障害、PTSDなど、さまざまな精神疾患を対象にします。「精神神経科」と標榜するときや、「メンタルクリニック」と称する場合もあります。

心療内科

ストレスが原因の腹痛や頭痛、月経異常など、心理的な影響で生じるさまざまな身体症状を対象とします。精神科と重なる部分も多いですが、身体症状を中心に診てもらいたいときはこちらを選ぶとよいでしょう。

相談窓口

厚生労働省や内閣府が開設しているウェブサイトにはさまざまな情報が掲載されています。また、各都道府県には精神保健福祉センターがあり、そこではさまざまな心の問題について相談することが可能です。

カウンセリングで心を楽にする

カウンセリングは、対話を通じて心の問題の所在を明らかにし、解決を試みる方法です。心の専門家であるカウンセラーに相談するメリットは多くあり、まず幅広い心理学的な知識をもつ有資格者に心の問題を知ってもらうことで、専門的な助言や支援を得ることができます。また、クライアントが精神的なツラさや苦しい状況をカウンセラーに話すことで、自分の心を客観的にとらえたり、問題を整理することができます。このような効果を最大限に得るには、カウンセラーに自ら心のうちをオープンにしていく姿勢が大切です。

09
自分を変える

すぐネガティブになる

自分をツラくしているのは、自分の思考のクセ

自動的に生み出されるネガティブな認知

失敗すると、いつも「やっぱり私はダメな人間だ」と思ってしまい、低めの自己肯定感がさらに低くなる。メールを送って返事がないと、「無視された」と感じて、不安やイライラが募る。友人や恋人とのやりとりで既読にならないと、すぐに「嫌われたかも」と感じたり……。

このようなネガティブな気持ちは、どうして起こるのでしょうか？　精神科医のアーロン・T・ベックは、人には思考のテンプレートのような*スキーマがあるとしました。そのスキーマからは、自動的にイメージや考えが生まれる**自動思考**がつくり出されるというのです。

スキーマは、過去の経験からつく

WORD **スキーマ**…自動思考を生み出す心理的な基本テンプレート。人はこのテンプレートを通して自分以外の世界を理解していく。スキーマは、本人の特性や生育環境、人生経験を基に構築される。

認知のゆがみが生まれる理由

認知のゆがみが生じる原因として、ベックはスキーマの存在を提唱。
その一連の流れを認知療法に役立てようとしました。

スキーマ

過去の経験からつくられる価値観や、ものごとを判断するときの評価基準。幼い頃にネガティブな体験をすると、そこから誤ったスキーマの形成につながりやすい。

自分は能力が
低い人間だ

▼

自動思考

出来事に遭遇したときに、頭の中に瞬間的に浮かぶ思考。ネガティブな思考が浮かびやすい場合は、それが慢性的なストレスを引き起こすこともある。

ミスした！
もう終わりだ！

▼

認知のゆがみ

ものごとを正しく解釈できず、偏ったとらえ方をしている状態。客観的に理解することが難しくなり、他人の意見などを取り入れることなどが難しくなる。「バイアス」とも呼ばれる。

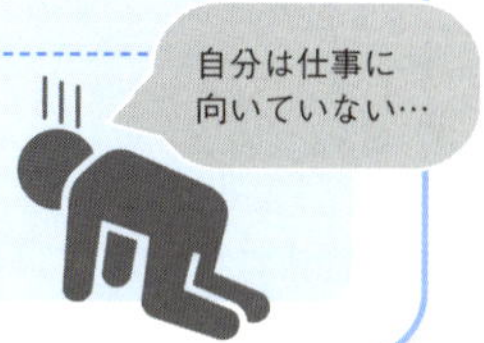
自分は仕事に
向いていない…

り出されます。ある出来事に遭遇したとき、スキーマが影響して自動思考がつくられていくのですが、ネガティブな自動思考が形成されると、認知のゆがみ（▼P26）が起こってしまいます。つまり、**自分を苦しめているのはそんな思考のクセ**。いいかえると、「誤った当たり前」にあると考えられるのです。ネガティブなイメージがわき起こりがちなら、自分の心の中にあるマイナスのスキーマを見つけて、とらえ方を変えてみるように心掛けてみましょう。

豆知識　スキーマって、修正できる？

行動のクセと同じように、思考のクセも自分で変えていくことはできます。心理療法では、臨床心理士などの専門家が患者のスキーマを明らかにしていき、そこに介入して修正を図ります。

10
自分を変える

とらえ方で結果は変わる

同じ出来事でも、考え方で感情や行動が変化する

自分の感情や行動は出来事と直結していない

会社でミスをして上司に注意されると、「この世の終わりだ」と思うぐらい落ち込んでしまう。友人や同僚が目の前を素通りしただけなのに、「無視をされた」「私のことが嫌い？」と気になってしまう。先輩から「この作業はやった？」と確認されただけなのに、なぜか責められているような気持ちになる……。

このように、出来事に対する自分の感情が悪く傾きすぎるなら、**「認知」の仕方が少しゆがんでいる**のかもしれません。

臨床心理学者のアルバート・エリスは、**出来事は直接的に「心理的な結果」に結びついていない**と考えました。そうではなく、「ある出来事」

• エリスのABCモデル •

エリスは、感情がどのように引き起こされるのかを
３つの要素であらわしたABC理論で心理療法を提唱しました。

Activating event
出来事
日々の生活の中で起こる、客観的な出来事。
例 同僚に声をかけたが反応されなかった。

Belief
合理的なとらえ方
（ラショナル・ビリーフ）
合理的・現実的・柔軟なとらえ方。
例 たまたま同僚が気づかなかっただけかもしれない。

Consequence
結果的な感情
Bによってもたらされた自分の感情。
例 気づかれなかったのは残念だけど、そんなこともあるか。

「すべき思考」「悲観的思考」「自己卑下」「欲求不満低耐性」など、偏ったとらえ方がクセづいていると、こちら側の思考ルートにとらわれやすくなる。

Belief
非合理的なとらえ方
（イラショナル・ビリーフ）
非合理的・非現実的・柔軟でないとらえ方。
例 聞こえていたのに無視したんだ。

Consequence
結果的な感情
Bによってもたらされた自分の感情。
例 せっかく声をかけたのに許せない。

が生じ、**それを自分なりに「認知」して、そこから負の感情など「心理的な結果」が生まれる**ととらえたのです（ABCモデル*）。
上司に注意されたときにも、「私に期待してくれているんだ」と認知すれば、落ち込まなくなりますよね。同僚に素通りされても、「考えごとをしていたんだろうな」という認知になれば、心の波風は立ちません。ものごとをいったん別の角度から見ることができないか考え、**認知の仕方を見直してみましょう。**

豆知識 「認知」ってなに？
「認知」とはものごとのとらえ方です。ABCモデルでは、合理的・現実的・柔軟なとらえ方（ラショナル・ビリーフ）と、そうでないとらえ方（イラショナル・ビリーフ）があり、心理療法では主に後者の修正を図ります。

WORD **ABCモデル**…アルバート・エリスによって1955年に提唱された心の理論。現代の認知行動療法などの心理療法においては、基礎知識のひとつとなっている。

思い込みにとらわれない

極端・ネガティブ・飛躍する認知と行動を変える

現実に適応した考え方と行動に変える

一度返事をされなかっただけで「誰にも相手にされない」と極端に思い込んで、「一切の人間関係をやめる!」などと飛躍的な行動をとりたくなったり。仕事が順調なのに、ささいなことが気になり「ここから失敗がはじまる…」と思い込んで不安におそわれたり…。

このような**事実とは異なる解釈や思考**を続けると、ストレスが蓄積されて、やがて心が疲弊しきってしまいます。このようなときは、自分の考え方や行動を変えていく必要があります。そのひとつとして、**認知行動療法***というアプローチでの解決法があります。**誤った思考や行動を見つけ出し、対処していく心理的な手**

WORD **認知行動療法**…ものごとのとらえ方や行動にはたらきかけて、ストレスを軽減する心理療法。自分自身の偏った考えや行動に焦点を当てて、それを変化させていく。

ストレスに対する4つの反応

ストレスに対しては、以下のような４つの側面で反応します。
認知行動療法では、このうち「認知」と「行動」に変化をうながします。

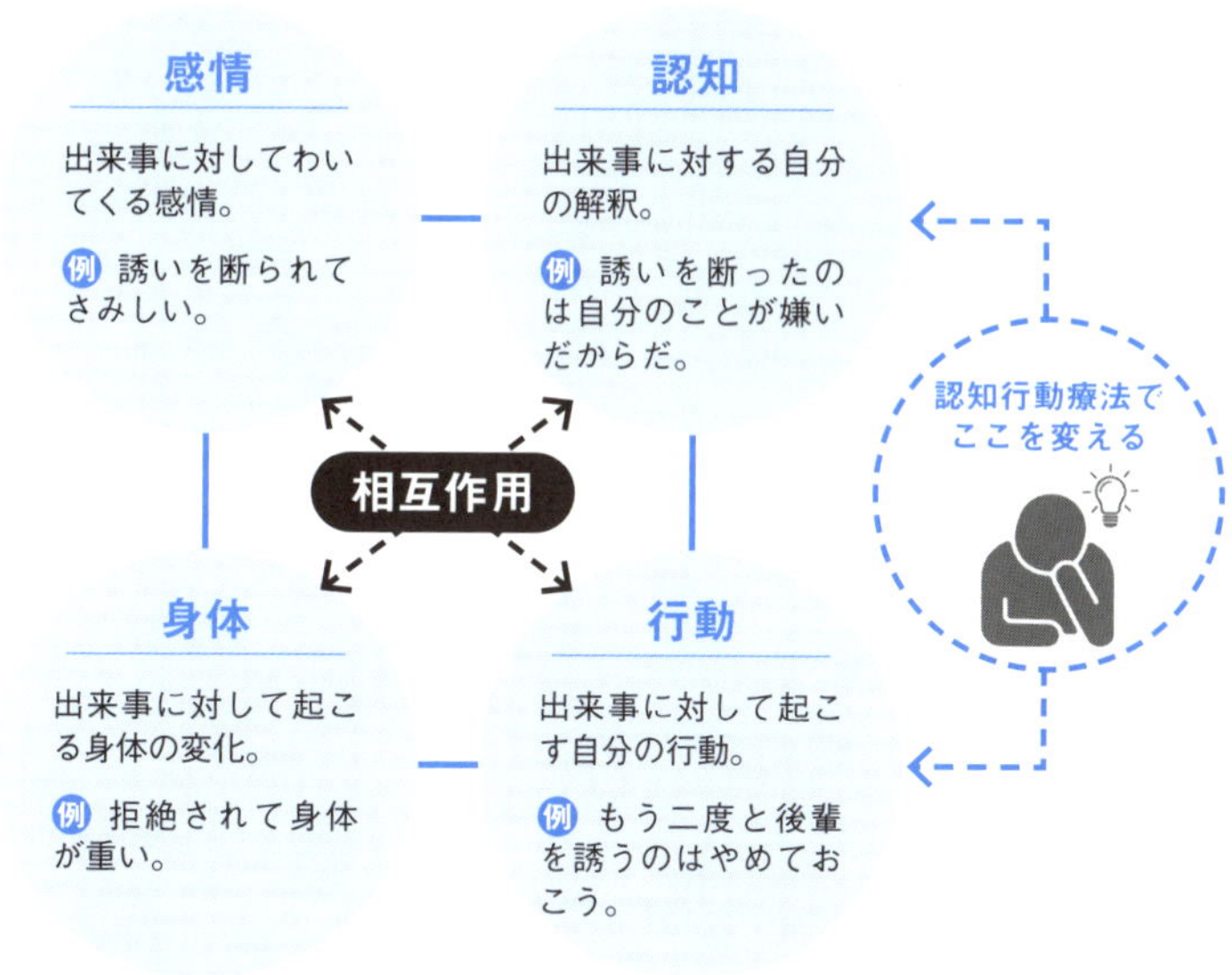
感情
出来事に対してわいてくる感情。
例 誘いを断られてさみしい。
認知
出来事に対する自分の解釈。
例 誘いを断ったのは自分のことが嫌いだからだ。
相互作用
身体
出来事に対して起こる身体の変化。
例 拒絶されて身体が重い。
行動
出来事に対して起こす自分の行動。
例 もう二度と後輩を誘うのはやめておこう。
認知行動療法でここを変える

法です。

まず、ストレスを感じるときには、①頭の中に浮かぶ考えやイメージの**「認知」**②心で感じる**「感情」**③身体的な反応の**「身体」**④意図的なふるまいの**「行動」**の4つのストレス反応に焦点を当てます。そして、自分でコントロールできる**「認知」と「行動」**を意識的に変え、ストレスに対して改善を図ります。例えば、自分の自動思考（▼P212）と現実との違いを意識できれば、修正を図ることができるようになります。

活かす！ 心理テクニック

心のゆがみを示唆する言葉

「どうせ」「誰も」「いつも」「絶対に」「すべて」「べき」などの言葉を多く使っている場合は、思考が固まっているかもしれません。この言葉に気づいたら、認知がゆがんでいないか見つめ直してみましょう。

12
自分を変える

無力さを乗り越える

「他人がうらやましい」で止まらないこと

劣等感をこじらせず別のもので補おう

能力のある人や活躍している人に対して、自分自身が見劣りする…。自分を人と比べることで、劣等感が加速してしまうようなことがあるかもしれません。

そんなとき、人は心的ストレスを避けようとして、さまざまな心理的防衛策をとります。これを**防衛機制***と呼びます。防衛機制はいい方向にも悪い方向にもはたらきますが、他人と比較したときに「劣っているから自分はダメ」ではなく「**劣っているならできるようになろう**」「**別のものを伸ばして補おう**」と前向きにとらえ直すことができれば、劣等感を克服する原動力になります。

例えば、話《はなし》下手《べた》なせいで営業の成

WORD **防衛機制**…不安な感情や体験に対して、心的ストレスを避けるためにとられる意識的・無意識的な心理的防衛策のこと。心理学者フロイトが提唱した理論。

劣等感は成長の余地

理想を高くしすぎると、失敗して劣等感が強まる可能性が高くなります。建設的な思考で、理想に向かって着実に進んでいくと成長を実感できます。

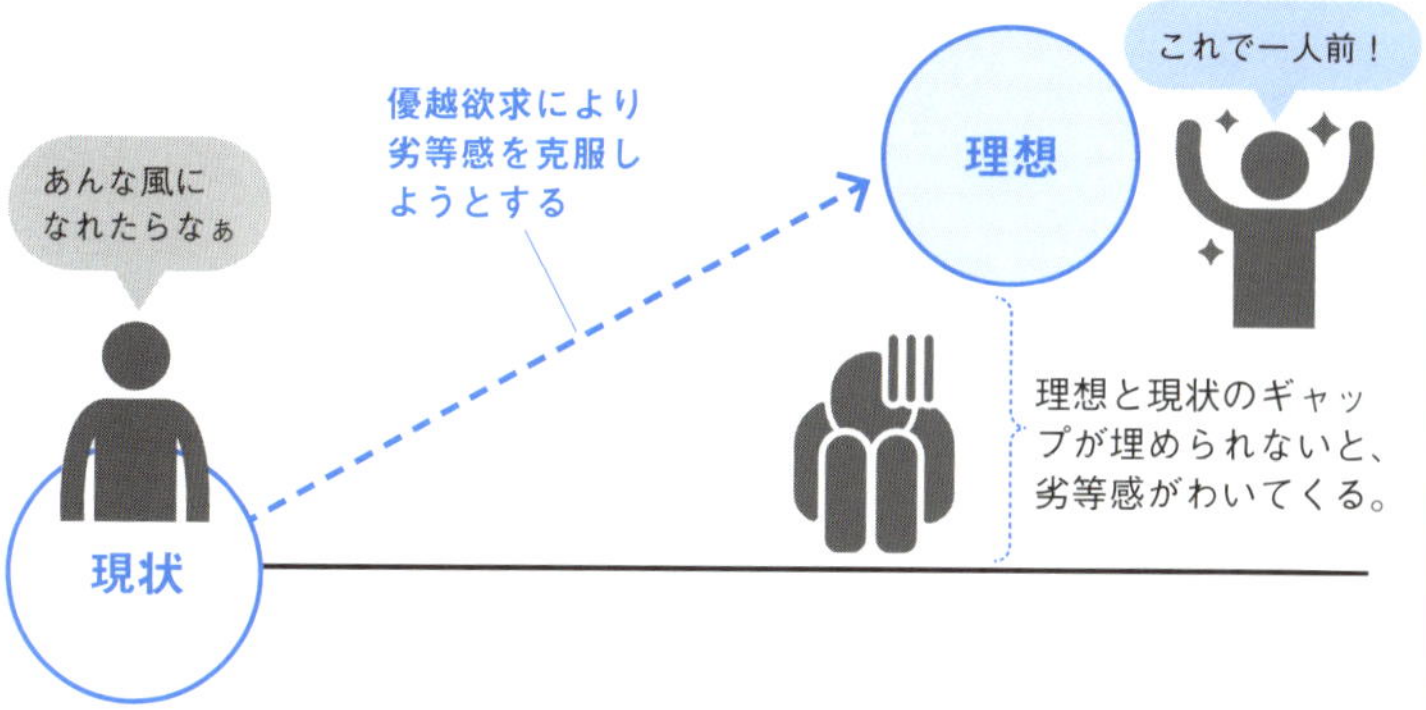

理想を実現するコツ

- 最初から頂上を目指さない。
- 小さなことでもよいので、できることからはじめてみる。
- 現状より、少し高い目標を都度設定し、徐々にステップアップする。
- 都度都度の目標に達した際に達成感を得ること。
- 他人を意識したり、比較したりしない。

果が上がらないとしましょう。流暢《りゅうちょう》に話す人を見て、うらやましく思うかもしれません。そこでとらえ方を変え、話し方のセミナーに参加してみたり、または話さなくても相手に伝わるように資料のつくり方を磨いたりすれば理想に近づいていきます。

劣等感があるというのは「**成長できる余地がある**」ととらえてみましょう。理想があるから劣等感を抱きます。理想に近づくためにはどうすればいいか。自分に問いかけながら前へと進んでいきましょう。

活かす！ 心理テクニック

ゴールをきちんと見極める

理想に向かうにはゴールを明確化することが重要です。話下手《はなしべた》の例でいえば「営業成績を上げる」ことがゴールでした。そこで「資料のつくり方を磨く」という発想に。ゴールを見失うと、闇雲な努力を重ねかねません。

13
自分を変える

〝モヤモヤ〟に耳を傾ける

声なき身体のシグナルをとらえて言葉にする

「あいまいな感覚」は心による身体の変調の兆し

ささいな頼まれごとでも、それが続くと「なんで自分ばかり…」などとモヤモヤした気持ちになることってありますよね。そんなモヤモヤのことを**フェルトセンス（あいまいな感覚）**と呼びます。身体で感じる微妙な感覚のことで、この言葉にならない感覚を放置すると、いつの間にかストレスが溜まり、心身に悪影響を与えるかもしれません。

そんなときは、心理療法のひとつ**フォーカシング***が効果的です。フォーカシングは、フェルトセンスに注目してストレスを軽減する心理療法。まず、**リラックスした状態で自分の心の内側に目を向ける**ことで、フェルトセンスを見つけます。そして、

WORD **フォーカシング**…哲学者・心理学者のユージン・ジェンドリンが確立した心理療法。体験そのものではなく、その体験から得ている感覚に注目し、言葉などで表現することを目指す。

• フォーカシングの手順 •

フォーカシングでは、以下の６つのステップに分けて進めていき、
自身の無自覚な感情を見つけて受け入れていきます。

1 間を置く
自分の心に耳を傾け、今の自分が感じる感覚を受け入れる。

2 フェルトセンスを見つける
身体が感じている、あいまいな感覚ひとつひとつに注目する。

3 ハンドルをつける
自分が感じたあいまいな感覚に言葉をあてはめる。

4 共鳴させる
感じたあいまいな感覚と、あてはめた言葉が合っているか確かめる。

5 フェルトセンスに尋ねる
なぜそのあいまいな感覚を自分が気にしているのかを問いかける。

6 フェルトセンスを受け取る
ここまでの過程で感じたことや、変化したことなどすべてを受け入れる。

フェルトセンスを見つけ出せたら、**その感情にぴったりと合う表現をあてはめます。**

最後に、あてはめた表現を観察しながら、自分がなにを感じているのかを見つめ、**自分の本当の気持ちを受け止めていきます。**こうすることで、無自覚だった自分の感情に気づき、いわば〝身体の声なき声〟をケアすることができるのです。フェルトセンスは心理的な身体の変調の兆しです。モヤモヤを感じたら、かすかな心の声に耳を傾けてみてください。

活かす！ 心理テクニック

フェルトセンスを大事に

ネガティブなときだけでなく、例えば美しい風景を見たときの爽快さ。心地よい空間にいるときの心のやすらぎ。ものごとがうまくいったときの興奮など。感覚に言葉をつける前に、感覚そのものをとらえてみましょう。

〝がんばりすぎ〟をほぐす

自己コントロールでストレスを解いていく

自己暗示によって自分を不調から救いだす

やる気を出して仕事や勉強に精を出すのはよいことですが、過剰にがんばりすぎてしまうと、次第に心にストレスが溜まっていきます。ずっと忙しく過ごしていると、やがて不安や焦りで落ち着かなくなり、肩こりや便秘、下痢、食欲不振などの不調に。睡眠の質も悪く、朝起きても「疲れがとれない」とグッタリ。すぐイライラしたり、衝動的な行動をとってしまうかもしれません。

心身の健康を維持するためには、**興奮（緊張）状態とリラックス状態の適度な切り替え**が大切です。とくに、**興奮（緊張）のスイッチが切れなくなっている**ようなときは、注意が必要です。このような場合、心理

WORD **自律訓練法**…精神医学者のシュルツが体系化し、1932年に発表した心理療法。人が催眠状態に入ったときに得られる治療効果に注目し、その効果を自ら得られるように構成した。

自律訓練法のやり方

自律訓練法で自分をコントロールする技術を手に入れることで、日常におけるネガティブ感情や、興奮状態を和《やわ》らげることができます。

仰向けに寝るか、椅子に座った状態で軽く目を閉じ、以下のフレーズ（言語公式*）を心の中でゆっくりと正しくくり返します。1回約3〜5分、1日3回が目安。

1	背景公式（安静練習）	「気持ちが落ち着いている」
2	第1公式（重感練習）	「右腕が重たい→左腕が重たい→両脚が重たい」
3	第2公式（温感練習）	「右手が温かい→左手が温かい→両脚が温かい」
4	第3公式（心臓調整）	「心臓が規則正しく打っている」
5	第4公式（呼吸調整）	「楽に呼吸をしている」
6	第5公式（腹部温感練習）	「お腹が温かい」
7	第6公式（額部涼感練習）	「額が心地よく涼しい」

療法では**自律訓練法***を用いて解決を図ることがあります。

自律訓練法では、自己催眠のような方法で自分をコントロールして、**リラックス状態になるように誘導し**ていきます。実践すると、疲労感が減る、身体の不調が和《やわ》らぐ、睡眠の質が上がる、ネガティブな感情が弱まる、イライラが減る、自己肯定感や自己効力感が高まる、といった効果が期待できます。夢中になってがんばることもよいですが、ときに自分の心を休ませてあげましょう。

豆知識　消去動作で正しく終える

急に立ち上がると、頭がフラつく…。そんなときは、興奮状態を切り替える「消去動作」をしてみましょう。例えば、両手両足を強く握って開く、背伸びをする、首や肩をまわすなどが消去動作になります。

WORD　**言語公式**…もとは自律訓練法を発案したシュルツがまとめたフレーズ。誰もが自己暗示によって催眠状態をつくり出せるように考案された。

自分をいじめない

心を苦しめる「思考のクセ」を書き出して修正

心の体質を変えて極端な認知を減らす

自分を責める思考がわいてきたら一度書き出してみて、客観的な視点でとらえることが効果的です。例えば、大事な場面で失敗したとき、「失敗した自分はダメ人間だ…」など、自分を陥《おとしい》れるような極端な認知をくり返してしまうときは、「スキーマ」（▼P212）という思考のクセが思考に影響を与えていることがあります（自動思考）。一方で、このスキーマを変えることができれば、影響する**自動思考の内容も変わり、極端な認知のゆがみを回避することもできます。**

心理療法の**トリプルカラム法***は、まさにそのように思考のクセ、あるいは心の体質を自ら整理して変えていく技法です。

WORD **トリプルカラム法**…心理療法のひとつ。認知療法を考案したアーロン・T・ベックの弟子で、精神科医のデビッド・D・バーンズが紹介したことで知られる。

・トリプルカラム法・

自分の思い込みに気づき、気分の落ち込みなどを防ぐ認知行動療法です。
以下を参考にして、自分でも書き出してみてください。

①自動思考

出来事

ネガティブな感情がわいたときの状況を5W1Hなどを意識して、客観的に書いてみる。

例 会社で、作成した資料に対して、上司から「これはすごくよかったよ」といわれた。

これはすごく
よかったよ

自動思考

自分がその出来事のときに感じたことを書く。

例 これ“は”ってことは、ほかはダメなんだ…。

気分を数値化

その出来事で感じた気持ちの度合いを評価する。

例不安90点　傷ついた85点　恥をかいた70点。

②認知のゆがみ

出来事に対して考えた自動思考を基に、自分の認知をゆがめているパターンを選ぶ(▶P26)。

例

- 全か無か思考
- 一般化の行きすぎ
- 心のフィルター
- 結論の飛躍
- マイナス思考
- 誇大視と過小評価
- 感情の決めつけ
- レッテル貼り
- 自己関連づけ
- すべき思考

自分はダメだと
思われている
んだ…

③合理的な新しい考え方

合理的思考

ここまでに書き出した内容を俯《ふ》瞰《かん》し、出来事に対してゆがめることなく再解釈する。

例 たまたまそのように表現しただけで、別に大した意味はないのかもしれない。

とくに大した
意味もなく
いっただけ
かも…

今の気分を数値化

①で数値化した気分の「今」の点数を改めて数値化する。

例 不安25点　傷ついた25点　恥をかいた10点。

まず、紙に**3つの枠**を描きます。そして、**①自動思考 ②認知のゆがみ ③合理的な新しい考え方**をそこに書き入れます。すると、自分の認知のゆがみを認識しつつ、**スキーマの修正を図る**ことが可能になります。

例えば、「①同僚の注意に『バカにされた』と思った」「②同僚の中で私が一番優れているべき」「③同僚は私に成長をうながした」というイメージです。書き出せば自分の思いが明確になり、無自覚な思考のクセが変えやすくなります。

豆知識　陥《おちい》りがちな認知のゆがみ

認知のゆがみには、二者択一でものごとを考える「全か無か思考」や、一度起きた出来事がくり返されると考える「一般化の行きすぎ」などがあります。トリプルカラム法をおこなうときの参考にしてみてください。

負の感情の波を受け流す

ネガティブな思考にとらわれない方法を身につける

負の思考にとらわれず身近な音に意識を向ける

心にネガティブな感情がわいてくるのは、ごく自然なことです。しかし、そのような感情にいつまでもとらわれてしまうと、たちまち心が疲弊してしまいます。

こういった負の感情にとらわれ続けないための、ネガティブ思考を受け流すトレーニング法のひとつとして、**注意訓練法**というメタ認知*療法があります。

注意訓練法はエイドリアン・ウェルズによって考えられた、**注意のコントロール能力を高めるための手法**です。次々と自分をおそってくるネガティブの波に飲み込まれないようにするため、**自分の意思で注意を向ける先をコントロールする**力を高め

WORD **メタ認知**…「今、自分はこんな気持ちになっているな」などと、自分の認知をもう一人の自分が見るような認知のこと。認知をコントロール、あるいはモニタリングすることを可能にする。

・思考を抑え込まないメタ認知療法・

ネガティブ感情には、注意訓練法をはじめとする
メタ認知療法などが効果的であると考えられています。

メタ認知療法とは

メタ認知療法では、ネガティブ思考を生まないようにするのではなく、生まれたネガティブ思考をうまくかわすためのテクニックを学ぶ。「注意訓練法（下記）」や、悩む時間をあらかじめ予定に入れておく「反芻《はんすう》の延期」などがある。

注意訓練法のやり方

① リラックス → **② 選択的注意** → **③ 注意の切り替え** → **④ 注意分割**

① リラックス
生活音などが聞こえる場所で、自分がリラックスできる体勢になり深呼吸をする。

② 選択的注意
聞こえてくる生活音の中からひとつを選び、その音に６分間ほど集中する。

③ 注意の切り替え
聞こえてくる生活音の中からふたつ選び、30秒おきに交互に注意を向けて、それぞれに集中する。

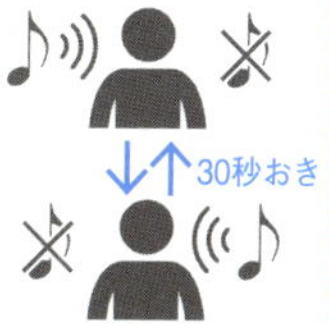

④ 注意分割
ふたつの生活音へ同時に注意を向けて、３分間ほどその音に集中し続ける。

ることができます。

注意訓練法は、上図のように**①リラックス→②選択的注意→③注意の切り替え→④注意分割**、という手順でおこないます。練習中に、雑念が浮かんでなかなか音に集中できないようなときでも、「雑念が浮かんだ」こと自体を受け流して、改めて音に集中しておこなえば大丈夫です。この手法は、ある程度場所を選ばずにおこなうことができるので、**習慣的に生活に取り入れて実践**することで、効果を得やすくなります。

活かす！ 心理テクニック

不安になったら「今ここ」

不安は、ネガティブな未来を想像したときに生まれます。生きるうえで未来を想像することは大切ですが、その不安でストレスを覚えるならば、意識を自分のいる「今ここ」に戻すと、心が落ちつく場合があります。

17
自分を変える

気分が沈むパターンを知る

感情・思考・行動の関係を明確にすれば対処できる

自分をモニタリングしてストレスの原因を探る

ふと気づくと、いつも気分が落ち込んでいたり、気が重くなっていたりする経験はありませんか。そのようなときには、負の感情を自分にもたらす「敵」を知ることから対処してみるのも手段のひとつです。

今の時点では問題ないのに、過去や未来に心を奪われすぎて、心がしんどくなってしまうことは、よくあるものです。このとき、ネガティブ感情を呼び寄せている原因は、**自分の感情や思考、行動のパターンにある**ことがあります。そういったときに、負のパターンを知って、そこから自分を逃がしてあげることは効果的な手法のひとつになります。

心理療法のひとつの技法である**セ***

WORD **セルフモニタリング**…認知行動療法のひとつの技法で、自己分析の一種。自分の感情や思考、行動を客観的に観察し記録することで、ストレスの管理能力を高める。

負の感情を断つセルフモニタリング

以下のステップに沿って、セルフモニタリングで自分の行動を観察し、負の感情がわいてくる原因を改善します。

1週間の活動と感情を記録

これからの1週間でおこなった活動を記録していく。行動を記録したら、そのときの自分の感情の度合いを評価し、同じ欄に記録する。

気分が変わる行動を探す

1週間の活動と感情の記録を見て、気分が変化した項目を探す。そこから、自分によい影響や悪い影響をもたらす原因となる行動を見つける。

今後の計画を立てる

気分が変化する行動を認識できたら、そのうちの気分を上げる行動を日常生活の中に計画的に取り入れる。

セルフモニタリングの効果

ストレスマネジメントができる
自分のパターンの変化から心の疲れに早く気づけるようになり、ストレス耐性を全体的に上げることができる。

パフォーマンスが向上する
自分の行動を見直すことで、非合理的な行動をとらなくなるため、結果的に仕事や作業の効率が上がることも期待できる。

ミスの軽減
自分の行動を記録すると、おこなったタスクの振り返りができ、自分が見えていなかったミスや忘れていることに気づけ、ミスを減らすことができる。

ルフモニタリングは、まさにこの**パターンの自分を観察し、対処していくテクニック**で、ストレスの軽減を図ることができます。

まず、自分の感情や行動を観察して記録することをくり返します。次に、そこからパターンを見つけ出して、**ストレスの原因やネガティブ行動のトリガーを特定**。最後に、合理的な思考や行動パターンを考え、対処法を用意し実践します。準備するのは紙とペンだけなので、まずはここからはじめてみましょう。

豆知識 どんな効果があるの?

セルフモニタリングができると、自分のパターンの変化から心の疲れに早く気づけるようになりストレス耐性を全体的に上げられます。また、非合理的な行動をとらなくなるので、仕事の効率アップも期待できます。

1週間の活動を記録してみよう

負の感情になるパターンを知る方法として、「セルフモニタリング」があります。
まずは1週間、自分の気分を記録することからはじめてみましょう。

STEP 1 記録する気分を決める

まずはじめに、どんな気分に注目してモニタリングするのかを決めましょう。「イライラ」「憂うつ」「不安」「安心」「楽しい」「リラックス」など、よくあらわれる気分をひとつ選びます。

STEP 2 活動とそのときの気分を記録

記録するときは下の例のように、時間と活動内容を書き、1で決めた感情について、そのときの度合いを書き込みましょう。これを記録することで、行動や気分の関係がわかりやすくなります。このとき、他人を観察するように、なるべく客観的に起きた現象だけを書くように心掛けましょう。これを毎日続けます。

時間	活動	気分（憂うつ度）
08:00	起床	70%
09:00	朝食	60%
10:00	運動（ジョギング）	10%
12:00	友達とランチ	0%
14:00	英会話教室	50%
16:00	映画を見る	20%
19:00	夕食	40%
21:00	入浴	20%
22:00	仕事の準備	80%
23:00	就寝	60%

STEP 3 気分がポジティブに変化したときを見つける

活動記録表を見返して、観察していた気分がポジティブな方向に変化した行動を見つけましょう。右下の記録例であれば、午前中の運動で気分がポジティブな方向に動いたことがわかります。適度な運動に取り組むことで心身ともに活力がわき、気分が上向くと認識できるようになります。

STEP 4 気分がネガティブに変化したときを見つける

次に気分がマイナスに変化したときにも注目しましょう。注目するポイントは、気分が急激にネガティブな方向に変化しているときの行動です。右下の記録例では、22 時の「仕事の準備」では、憂うつさを強く感じています。そして就寝する際も一定の憂うつさを感じていることがわかります。

STEP 5 気分をよくする行動計画を立てる

気分の変化を客観的に認識できれば、ネガティブな気持ちを防ぐための対策を立てることが可能です。右の例では、就寝時の憂うつを軽減するために「『仕事の準備』を日中に済ませておく」といった対策が有効かもしれません。また「『仕事の準備』のあとに『運動』をする」と対策すれば、さらにポジティブな気持ちで生活を送ることができると予測できます。このように対応策を考えて実践すれば、気分をポジティブに維持できるようになります。

自分を苦しめる思考を変える

自分の心にひそむマイナスのスキーマを見つけ出す

原因不明の不調を自律訓練法で減らそう

人は成長する過程で、いつの間にか思考のクセが身についていきます。思考のクセとは「自分は明るい性格だ」や「自分は引っ込み思案だ」といったように、自分の中に根差している潜在的な価値観のことで、これを**スキーマ**（▼P212）と呼びます。

このスキーマにはポジティブなものもネガティブなものもありますが、例えば「自分には価値がない」や「自分は他人よりも劣っている」などといった**ネガティブなスキーマ**が多いと、負の思考や感情がわき起こりやすくなります。心理療法では、その**スキーマを自ら見つけ出し**、**合理的なスキーマに変えていくこと**が大きなポイントのひとつになります。

スキーマ療法の進め方

自分がもっているネガティブなスキーマに焦点をあて、改善をうながす心理療法です。以下のような流れで進めていきます。

STEP 1 ケースフォーミュレーション

このステップでは過去の自身の体験を振り返り、自分を苦しめる原因を「スキーマ」という概念で理解する。

過去の体験の振り返り

幼少期などに家庭内外で経験した傷つき体験を振り返る。

友達が
できないわねぇ…

自分がもつスキーマやモードなどを理解する

自分があてはまるスキーマ（▶P234）やスキーマモード（▶P238）を知り、それが発揮される状況などを分析する。

STEP 2 諸技法を用いた介入

理解した早期不適応的スキーマを手放し、合理的なスキーマを手に入れる。

認知的技法

自分がもっていたスキーマが本当に正しいかを検討し、またそのスキーマがあらわれたときの状況などを記録する。

体験的技法

過去の状況を再現し別の立場から考えるなど、体験を主に利用して感情面からスキーマを修正していく。

過去

行動的技法

自身がこれまで避けていた行動などにあえて取り組むなどし、行動の面からスキーマを修正していく。

仲間に
入れて！

スキーマは普段から意識されるものではなく、自然に自分に備わっている固定観念なので、なかなか自分では気づきにくい側面があります。心理学者のジェフリー・ヤングが構築した「**スキーマ療法***」では、幼少期に形成される対象のスキーマ（**早期不適応的スキーマ**）が18項目挙げられ、それらは5領域に分けられています（▶P234）。これらを用いると、自分がもっているネガティブなスキーマがなにかを知ることに役立てることができます。

豆知識 スキーマ療法の「ワーク」

スキーマ療法では、クライアントの早期不適応的スキーマを正確に見極める必要があり、専門家の下で多くのワークを実施します。その中には、18項目のスキーマに関連した複数の質問に答えるワークもあります。

WORD **スキーマ療法**…自分の外にある世界を理解するための心的な枠組み「スキーマ」に注目した心理療法。現実に即さない、ゆがんだ早期不適応的スキーマを対象とし、その修復を目的とする。

生きづらくさせる「早期不適応的スキーマ」

「スキーマ」には、自分の心を自ら苦しめる負の側面もあります。ここでは、スキーマの中でも「早期不適応的スキーマ」に分類される18項目について紹介します。

GROUP 1 断絶と拒絶

幼少期に必要な愛情を得られなかったことでつくられる負のスキーマ群。

見捨てられ・不安定スキーマ	他人に対して「やがて見捨てられる」「この関係は長続きしない」と考えてしまうなど、人間関係において強い不安を覚えやすい。
不信・虐待スキーマ	他人に対する不信感や疑念が強く、「自分を攻撃してくる」「私を利用するだけだ」などと思い、自分から心を開くことができない。
情緒的剥奪《はくだつ》スキーマ	自分は他人から愛されたり、理解されたり、共感されたりなどしないと思い、情緒面で満たされることを期待しない。
欠陥・恥スキーマ	自分には欠陥があり、人より劣っていて恥ずかしいと感じてしまう。また、他人から愛される価値がないとも思ってしまう。
社会的孤立・疎外スキーマ	「自分は人と違ってしまっている」「この集団に私はなじめていない」という感覚を抱きやすく、すぐに孤立感を覚える。

GROUP 2 自律性と行動の損傷

幼少期に、自己効力感や自律性の感覚を覚えられなかったことによって生じてしまった負のスキーマ群。

依存・無能感スキーマ	「一人で日常生活を送ることができない無能だ」と思いやすい。仕事では、他人の助けなしではなにもできないと考えてしまう。
危害または病気への脆弱性《ぜいじゃくせい》スキーマ	危機や病気がおそってくるという不安を覚えやすい。またそれらを防御あるいは対処することが自分にはできないと考えてしまう。
巻き込まれ・未熟スキーマ	自分は親などの他人の感情の中に飲み込まれており、自分の意思をもたず、この強いつながりなしでは生きていけないと思う。
失敗スキーマ	自分は必ずどこかで重大な失敗すると思いやすい。また、「自分は失敗ばかりしてきたし、これからも失敗する」と考えやすい。

GROUP 3 制約の欠如

我慢や忍耐など、現実的に求められる抑制や制約が幼少期に満たされなかったことによって生じた負のスキーマ群。

権利欲求・尊大スキーマ	自分は特別な存在だと過大に評価し、自分には特権が与えられるべきだと考えたり、ルールに従わなくてもいいと感じたりしやすい。
自己統制・自律の欠如スキーマ	自分の衝動や感情を制御できず、欲求不満の状態に我慢できないことが多い。目標に向かって努力することにも苦手意識をもちやすい。

GROUP 4 他者への追従

幼少期、当然の欲求や思いを主張しても、親などに受け入れられなかったことによって生じた負のスキーマ群。

服従スキーマ	他人の要求や期待に従わねばならないと思いやすく、「見捨てられたくない」という気持ちから自分の欲求や考えを捨てることも多い。
自己犠牲スキーマ	自分より他人の幸福や利益を優先しなければと思いやすく、他人の感情を満たすために自分を犠牲にする傾向がある。
評価欲求・承認欲求スキーマ	他人からの評価や承認を重視しやすく、行動を選択するときは他人からの評価を基準にすることが多い。

GROUP 5 過剰警戒と抑制

幼少期に「遊び」に対する感覚が十分に得られず、現実は恐ろしいところだと思ってしまったことで生じた負のスキーマ群。

否定・悲観スキーマ	ものごとの否定的な面に注目し、未来に対しても悲観的に考えやすい。ポジティブな面は見ず、いつもなにかを心配している。
感情抑制スキーマ	自分の感情を表に出すことに恐れを感じやすい。また、感情表現そのものを抑制しなければならないとも考えやすい。
厳密な基準・不柔軟スキーマ	ものごとは完璧でなければならないと考えやすく、過度に厳しい基準を自分や他人に対して求めてしまう。柔軟に対応しようともしない。
罰スキーマ	自分や他人が犯したミスが許せないと思いやすい。また、その失敗を許すことがなかなかできず、厳しく罰したいと思う傾向もある。

今の自分でいいと書き留める

小さなことでも、毎日ポジティブな出来事を記録

マイナス思考のループを幸福の記録で断ち切る

自信や自己肯定感の低さが、さらに自分を弱気にさせていく…といった負の連鎖に陥《おちい》ってしまうこと、ありませんか？　自信がなくて自分が動けずにいたら他人に先を越されて、ますます「私はなにをやっているんだろう…」と自己肯定感が低下する。こんなふうに、自分の思考が足を引っ張ってしまうことはよくあります。

このような負のループから抜け出すためには、自らネガティブ要素を引き寄せてしまう思考のクセを変えていくことが必要です。

その手段のひとつに**ポジティブデータログ***という手法があります。用意するのはノートとペンだけ。そこに1日ひとつ以上、**自分にとってポ**

WORD **ポジティブデータログ**…心理療法のひとつの技法。例えば、合理的でないスキーマ（▶P234）の修正を図ったときに、そのポジティブな変化を記録することで新しいスキーマの定着が期待できる。

・ポジティブデータログの書き方・

ポジティブデータログを活用することで、ポジティブ感情を呼び寄せる適応的なスキーマを新しく獲得していくことに役立てることができます。

ポジティブデータログ例

4月1日	同僚の荷物が重そうだったので、少し持ってあげたら感謝された。	自分の小さな行動でも喜んでくれる人がいる。
4月2日		
4月3日		
4月4日	ってます」といわれた。	くれている人がいる。
4月5日	職場の先輩にランチに誘われた。	自分のことを仲間として見てくれている。
4月6日	仕事が休みだけれど早起きしたら気分がよかった。	日々、規則的な生活をすると感情の乱れがない。
4月7日	友人に悩みを話したら親身に聞いてくれた。	自分のことを自分ごととして考えてくれる味方がいる。

この項目では、自分が体験したポジティブな出来事を客観的に記録する。毎日どんなことでも必ずひとつは記録するように心掛ける。

この項目では、出来事から得られた気づきを書き留める。出来事に対して俯瞰《ふかん》してとらえ直すことで、新たなスキーマを得ることにつながる。

ジティブなことを書き留めていきます。内容はどんな小さなことでも構いません。例えば、「同僚の仕事を手伝ったら感謝された」「家に帰ったら家族の人がコーヒーをいれてくれた」「同僚に趣味の話をしたら偶然、同じ趣味だった」などです。

このような「小さなポジティブ」の書き出しを3か月以上、やってみてください。小さな幸せに気づけるようになると幸福感が高まり、**「今の自分でいいんだ」という肯定感**が高まってきます。

活かす！　心理テクニック

成功体験をしっかりと記録

過去の失敗などで苦手意識をもっていたような出来事に関係することは、積極的に書き込みましょう。例えば「思い切って発言したら褒められた」など。思考のクセが修正されるきっかけになります。

自分の心に住む自分を知る

さまざまなモードの自分が、場面ごとに顔を出す

現時点の心の状態「スキーマモード」を把握

人の心には、思考のクセあるいは心の体質のような「スキーマ」（▼P212）があります。**スキーマは、本人が無意識に「当たり前」と考えているもの**であるため、もしも誤ったスキーマをもっていても、それに気づくことが難しい傾向があります。

そのため、心理療法のひとつ「スキーマ療法」では、ある感情や行動を引き起こしているときに活性化しているスキーマに注目して解決を目指します。このスキーマをを**スキーマモード***と呼びます。

スキーマモードは4グループに分類されており、そのうちのひとつ「**ヘルシーアダルトモード***」になっているうちは、健全に日常生活を送るこ

WORD **スキーマモード**…人はスキーマに対して「服従」「回避」「過剰補償」という3種類の形で反応すると考えられる。スキーマとこれらの反応を組み合わせた心の状態を「スキーマモード」と呼ぶ。

・避けたいスキーマモードを知ろう・

心がツラくなる３つのスキーマモードを知って、
このような状態にあると気づいたら、改善するようにしましょう。

チャイルドモード

起こったことに対して、「子ども」のように反応している負の感情の状態。

脆弱なチャイルドモード…「悲しい」「さみしい」などの感情を抱いている状態。

怒れるチャイルドモード…「腹が立つ」という感情を抱いている状態。怒り狂ったり、暴力を振るったりする行動を引き起こす。

衝動的・非自律的チャイルドモード…自分の欲望のままに行動しようとする状態。

不適応的コーピングモード

早期不適応スキーマに対処しようとして、適切でない方法をとってしまう状態。

従順・服従モード…自分がもつスキーマに屈し、無力に受け入れている状態。自己卑下などを引き起こす。

遮断・防衛モード…さまざまな回避行動をとって負の感情を取り除こうとする状態。過食やお酒への依存、自傷行為などを引き起こす。

過剰補償モード…自分がもつスキーマに対抗するために、他人にあたったり、極端な行動をしたりする状態。

非機能的ペアレントモード

心の中の大人の自分が、子どもの自分に対して、厳しく、高い要求をしている状態。

懲罰的ペアレントモード…自分を「悪い」と断定し、罰しようとする状態。自己否定や自己嫌悪などを引き起こす。

要求的ペアレントモード…自分に対して、高い要求をしている状態。完璧な状態を自分に課す。

とができますが、それ以外の「**チャイルドモード**」「**非機能的ペアレントモード**」「**不適応的コーピングモード**」になると、負の感情に振り回されてしまいます。

ネガティブな感情におそわれそうになったときは、まず「**今どのようなスキーマモードになっているのか**」を考えてみるようにしましょう。自分の心の中を第三者的な視点から観察することで、誤ったスキーマに気づくきっかけになり、改善に取り組む糸口となります。

活かす！ 心理テクニック

自分の「幸福スキーマ」を探す

スキーマ療法では、負のスキーマを取り去ることがポイントです。自動的に生じるスキーマを意識できるようになれば、現実に即したスキーマや、前向きにものごとをとらえるスキーマを自分で取り入れることが可能です。

WORD **ヘルシーアダルトモード**…感情を客観的に理解し、受け入れ、適切に対処するといったように、自分を律して「大人な対応」ができている状態。

21
自分を変える

自分をうまく出せない

バランスのよい自己主張のやり方を知ろう

自分の気持ちを無理なく伝える技法

「ちょっと違う」と思いながらも、その場の流れや空気を読んで、つい賛成してしまう。相手からの無理な要求でも、緊張した場面を避けたくて受け入れてしまう…。

人とかかわっていれば、そういった経験は少なからずあるものですが、その一方で**自分を主張することに苦手意識や怖さ**を抱えていませんか? 相手の要求を受け入れすぎると、自分ばかり摩耗《まもう》してしまいます。

このような状況に陥《おちい》ってしまっている場合は、**アサーショントレーニング***という心理療法で、相手を尊重しながらほどよく自己主張をする練習をすると効果的です。アサーショントレーニングには、さまざまな練

WORD **アサーショントレーニング**…実際には、適切な主張のやり方を学ぶほか、ロールプレイを実践することも多い。対人関係で困難を感じている人や自己効力感が低い人に有効だといわれる。

DESC法でいいたいことを伝える

相手を尊重しつつ、自分の主張も大切にするアサーションスキル。ここでは、その中のひとつであるDESC法を紹介します。

STEP1 Describe（描写する）

相手の行動や今の状況など、事実のみを客観的に相手に伝える。ここでは、自分の推測や意見、感情などを入れずに伝えることが重要。

STEP2 Explain（説明する）

Describeで伝えた事実に対する、自分が感じた主観的な気持ちをここで表現する。感情的になるわけではなく、あくまで「自分はこう感じている」ということを理性的に伝えることがポイント。

STEP3 Suggest（提案する）

課題になっていることを解決するため、相手に求めていることを具体的に提案する。これは「提案」にすぎないため、無理に押しつけることがないように注意。

STEP4 Choose（選択する）

Suggestで提案したことに対する相手の答えによって、次の行動を選択。もしも提案が受け入れられなかった場合は、代替案を相手に提案するようにする。

習法がありますが、そのうちのひとつであるDESC《デスク》法*は、**4つのステップ**で無理なく自分の主張を伝えられるコミュニケーション技法です。

この方法ではまず、自分の感情を含まずに**事実**だけを具体的に相手に伝えます。そして、相手を尊重しながら**自分の感情**を伝えます。次に、**自分の考えや要求**を伝え、最後に相手の主張を踏まえつつ**自分の行動**を選択します。この4段階を意識すると、相手との衝突を避けつつ、ほどよく自己主張しやすくなります。

活かす！ 心理テクニック

自分の感情と一緒に伝える

「私はこう感じた」といったように、主語を「私」にして自分の感情を伝えることもコミュニケーション方法のひとつです。相手への攻撃的なニュアンスを減らしつつも、自分の意思を示すことができます。

WORD **DESC法**…相手を不快にすることなく自分の主張を伝え、納得してもらうためのコミュニケーション方法。Describe・Explain・Suggest・Chooseの頭文字を取って名付けられている。

22
自分を変える

心配ばかりが頭をめぐる

過去や未来にとらわれた意識を「今」に取り戻す

マインドフルネスで自分の意識を「今ここ」へ

未来への不安がこみあげてきて頭がいっぱいになったり、**過去に対する後悔の念**が止まらなくなるなど、いつまでもネガティブな感情が心の中で渦巻いて、仕事や勉強など目の前のことに手がつかなくなってしまうこと、ありますよね。

そんな「心ここにあらず」の状態になっているのであれば、**意識を「今この瞬間」に集中**させることで、負の連鎖から距離を置いて落ち着きを取り戻すことができます。

マインドフルネス*は、まさにこのような「今この瞬間」に注意が向いている状態のことを指します。心理療法としてはおもに瞑想《めいそう》などを用いることで、マインドフルネスの状態

WORD **マインドフルネス**…マサチューセッツ大学医学校名誉教授のジョン・カバットジンが考案した心理療法。その手法は仏教などにあるが、心理療法で用いられる場合は宗教とは無関係。

・瞑想でマインドフルネスを実践・

マインドフルネスを実践する方法のひとつ「瞑想」。
日常的にできる方法を紹介します。

① 姿勢を整えて座る

椅子に軽く腰をかける。無理な姿勢にせず、リラックスできる姿勢でOK。ただし、背もたれには寄りかからず、頭が上から引っ張られているイメージで骨盤を立てる。

② 自然に呼吸をおこなう

目を閉じた状態で、早すぎも遅すぎもしない自然なペースで呼吸をおこなう。鼻から吸って口から吐きながら、通過していく空気の流れだけに意識を向けながら呼吸を続ける。

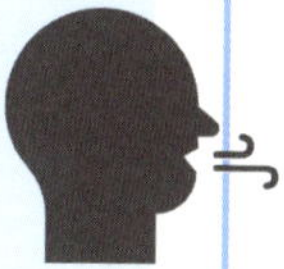

③ 意識が逸れたら戻していく

呼吸をくり返していると、自然と意識が違うことに引っ張られることがあるが、その都度、意識を呼吸に戻す。意識を「今この瞬間」に戻すことが重要。

上記３つのステップに毎日取り組み、慣れないうちは２～３分、慣れるにつれ10～30分ほど取り組む。効果だけに過度に期待するのではなく、継続して取り組むことが大切。

になることを目指します。不安を軽くするほかにも、今の気持ちを冷静に把握できたり、感情に振り回されることが少なくなったりします。結果的に他人の気持ちを考える余白ができて、コミュニケーションの質が高まるなど、さまざまな効果が期待できます。マインドフルネスの実践には、**瞑想**のほかに**ボディスキャン**（▼P244）などがよく用いられます。わずかな時間でできるので、毎日実践してみましょう。継続すると効果が高まるともいわれています。

豆知識

食事中に実践しやすい？

毎日の食事は、マインドフルネスの実践に向いているといわれます。落ち着いて、食べることだけに集中するのです。食材のにおいや食感、舌触り、温度、味をひとつひとつ意識するだけで、乱れた心が落ち着いてきます。

マインドフルネスを実践するさまざまな瞑想

マインドフルネスの状態になると、自分を縛る思考から解放されやすくなります。ここでは、マインドフルネスになるための方法を、いくつかご紹介します。

ボディスキャン

1　リラックスできる姿勢を整える

まずは、静かで落ち着くことができる環境を選びます。場所が確保出来たら、仰向けに横たわります。自分がリラックスできる姿勢であれば、椅子やソファに深く座ってもかまいません。姿勢が整ったら、目を閉じます。

2　呼吸に意識を向ける

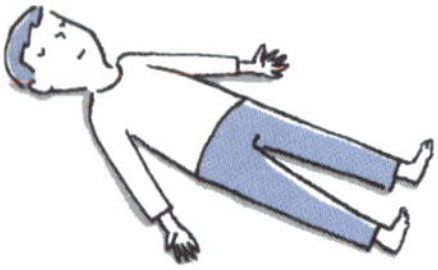

深呼吸を数回おこないます。呼吸に意識を集中しながら、ゆっくりとした呼吸を続けます。そして、呼吸をするたびに肩が上がったり下がったり、お腹や胸が膨らんだり凹んだりと、体全体がゆったり動くのを感じていきましょう。

3　身体の各部に意識を向ける

意識を頭や首、胸、腹、腰、足などの各部に向けていきます。なるべく細かく意識するのがコツです。体を上から下に、あるいは下から上にゆっくりスキャンしてみましょう。「この感覚がいい／悪い」などといった主観的な評価はせず、ありのままを感じとることがポイントです。

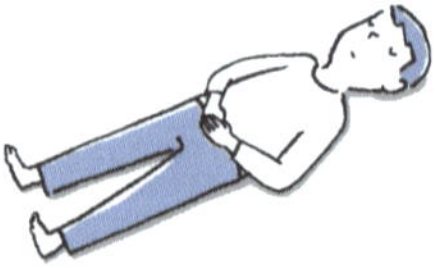

4　全身に意識を向ける

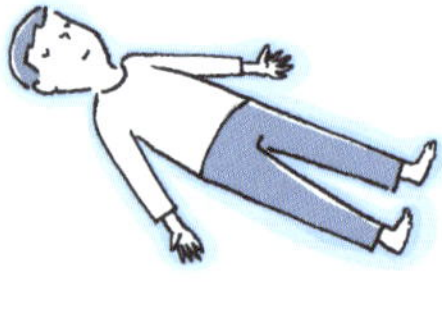

体の部位を細かくスキャンしたら、今度は体全体をスキャンしましょう。体全体がリラックスしていることを感じたら、その状態をキープ。呼吸は深くゆっくりしたペースを維持します。終えるときは、改めて深呼吸を数回してから体を少しずつ動かします。

歩行瞑想

歩きながら取り組める瞑想です。歩く動作に意識を向けていくことで、頭の中の雑念を追い出し、心の緊張を和《やわ》らげることができます。

- まず背筋を伸ばして、肩の力を抜き、自然な呼吸で、リラックスした姿勢で歩く。
- 歩いているときは、足の裏の感覚や足の動作、体全体の動き、体重が移動していく感覚に意識を向ける。
- 雑念がわいてきたら、再び静かに歩行や周囲に意識を向ける。

ヴィパッサナー瞑想

心の中にあらわれた感情や思いをありのまま見つめ、判断や評価を一切せずに受け入れていく瞑想です。

- 背筋を自然に伸ばし、リラックスできる姿勢で座る。
- 自然な呼吸に意識を集中する。
- 体の各部に意識を向けて、「冷たい」「少し痛い」など、各部の感覚をありのまま気づく。
- 心の中にあらわれては消える思いや感情を客観的に観察する。
- ひとつの思いにとらわれたり、考え事をはじめてしまったら、再び呼吸や身体各部に意識を戻す。

忙しいなら「小分け」マインドフルネスも

瞑想は必ずしも固まった時間を使って実践する必要はありません。忙しい場合は、日常生活のスキマ時間で「小分け」に瞑想に取り組んでみましょう。例えば、仕事をはじめる前に1分だけ呼吸に注意を向ける。コーヒーを飲むとき、香りや味わいを意識的に感じるようにしてみる。こういった「小分け」瞑想なら、忙しい毎日の中でも継続して取り組みやすくなります。

23
自分を変える

マインドフルを記録する

実践できたマインドフルネスを書き留める

マインドフルネスを実践して習慣化する

同僚と意見が対立したとき、怒りで心が乱れそうになったけれど、自分でその心の変化に気づくことができて、冷静でいられた。急なトラブルでパニックになりそうになったけど、今自分がやるべき作業に集中することができて、落ち着いて対応することができた。

このように、日常の中で**マインドフルネスを意識することができたら、ノートに記録**してみてください。これは「**マインドフルネス日記**」*というもので、前項で紹介したマインドフルネスの実践法のひとつです。

マインドフルネスを継続すると、日常生活のいろいろな場面で、心の中での負の感情や思考に冷静に対処

WORD **マインドフルネス日記**…心理療法の技法のひとつ。マインドフルな出来事を記録することで、自分がどんな場面でストレスを感じ、どうすれば対処できるかを認識でき、自分を客観視できるようになる。

マインドフルネス日記を書いてみよう

日々の中でマインドフルネスを実践できたときのことを記録し続けると、マインドフルネスが習慣化されていきます。

11月18日	通勤時に駅のホームで人にぶつかられた。イライラしたけど、自分の呼吸に意識を向けて、イライラがおさまるのを待てた。
11月19日	やるべき仕事がどんどん舞い込んできて、パニック状態…。でも、目の前の作業ひとつずつに集中することで、なんとか落ち着いて対応できた。
11月20日	お昼休憩でランチを食べるときに、とことん味に集中してみた。
11月21日	家に帰る途中、明日のプレゼンがうまくいくか不安に…。でも、ただただ歩くことに意識を向けて、ネガティブに流されないようにした。
11月22日	プレゼン前に緊張と不安の波が…。直前に呼吸に意識を向け続けて、ちょっと落ち着けた。
11月23日	朝起きてすぐに瞑想。頭がクリアになって、1日が有意義になった気がする。
11月24日	晴れていたので公園を散歩。地面を踏みしめる感覚、風が肌にあたる感覚に集中してみたら心地よかった。

できるようになります。マインドフルネスの効果を記録する習慣をもつと、**現実の場面での実践力がより高まります**。

内容はなんでも構いません。「通勤電車の中でイライラすることがあったけど、深呼吸をして自分の心を落ち着かせた」などと、ひとこと程度でまとめてみてください。1日ひとつで構いませんので、**毎日継続して記すこと**を心掛けましょう。これを習慣化することで幸福度も高まりやすくなります。

活かす！ 心理テクニック

セルフナレーション

心が乱れたり、頭の中が混乱したり、決断に迷ったりしたときに、実況中継をするように自分の思考や行動、心の感情、体の感覚を自ら言葉にするテクニック。自分への理解が深まり、頭や心の整理がしやすくなります。

どうして上司はあなたを見ている？

Q あなたが会社でデスクワークをしていると、ふと上司からの視線を感じました。このときあなたは、なぜ見られていると考えましたか？以下のA～Dのうち、考えに近いものを選んでください。

A 自分に用があったので、自分を見ていた。

B 誰かに仕事を頼もうとしていた。

C 上司が一息ついただけで、とくに自分を見ていたわけではない。

D 理由はともかく、あまり気にしない。

◀◀◀ この心理テストの解説はP253

ココロがわかる！　心理テスト

解説編

あなたに依存の性質があるかどうかがわかる

《解説》

依存に陥《おちい》りやすい人は「いわれたことを必ず遂行したい」「他人よりもいい成果を残したい」「目標を絶対に達成したい」と考える傾向があります。選択肢によって、あなたにギャンブル依存症の性質がどれくらいあるかがわかります。

Aを選んだ人

➡Aを選んだ人は「強迫観念」をもちやすい傾向があります。「目標を達成したい」という意識は勉強や仕事ではとても大切なことですが、それは遊びでも発揮されます。目標を達成したいがあまり、ゲームなどに課金し続けることなどのないよう注意が必要です。

Bを選んだ人

➡Bを選んだ人はあまりギャンブル依存になりにくい傾向があります。常に「自分ができなかったときの言い訳」を考えている人は、自分で自分を守る意識が強く、自己肯定感が高い傾向があるため、むやみな課金などはくり返さない傾向があります。

Cを選んだ人

➡Cを選んだ人はかなり強い完璧主義者である傾向があります。「どちらかといえば」と控えめに自分を完璧主義と考える人は、「自分は完璧主義」と認めている人よりも、より完璧主義な傾向があるといわれており、課金などにハマってしまいやすい傾向があります。

Dを選んだ人

➡Dを選んだ人は他人に左右されやすい傾向があります。友人や同僚などへの対抗心を燃やす「対人優越感」という心理がはたらき、依存しやすいSNSやゲームに深くのめり込んでしまう傾向があります。

他人との接するときの傾向がわかる

《解説》

このテストでは、無意識における雑誌の持ち方で、他人と接するときのあなたの本音がわかります。他人に対しても使うことができるテストなので、気になる人がいればこのテストをやってもらい本音を探ってみましょう。

Aを選んだ人

➡Aを選んだ人は「自己防衛」の意識が高い傾向があります。雑誌を胸の前に抱えていることは、自分の体を守ろうとしている意識のあらわれです。他人と接するとき、警戒心が比較的高い傾向があります。

Bを選んだ人

➡Bを選んだ人は「自意識過剰」な傾向があります。雑誌を丸めたりしていることは、開放的かつ活動的なことのあらわれです。わざと他人の目を引きたい気持ちをもっていることもあるため、他人とも比較的気軽に接することができます。

Cを選んだ人

➡Cを選んだ人は「強気で快活」な傾向があります。雑誌を脇に抱えることは男性によく見られる行為で、他人と接することも苦にならない快活な性格の持ち主であることが多いです。これは男性的な行動傾向であるため、女性の場合は、男性と話すことも躊躇《ちゅうちょ》しない性格である傾向があります。

Dを選んだ人

➡Dを選んだ人は「好奇心旺盛」な傾向があります。ページをパラパラめくっている人は、マイペースな性格の持ち主である傾向もありますが、好奇心も強いため必要であれば他人と接することもためらわない傾向があります。思い切った言動をする傾向もあります。

あなたが他人よりも優れていたいかどうかがわかる

《解説》

突然、使うことができるお金が入ってくると人は解放的になる傾向があります。そのとき、そのお金であなたがなにを買うかによって、自分が潜在的にもっている優越感があらわれる傾向があります。

Aを選んだ人
➡Aを選んだ人は、あまり他人への優越感が見られない人です。お店のスイーツは、比較的購入しやすい価格であることが多く、周囲の人々が体験していることを自分も味わいたいという気持ちからの誘発された行動であるため、他人を見下すことがあまりありません。

Bを選んだ人
➡Bを選んだ人も、他人への優越感があまりない人です。流行に遅れたくない思いが強い傾向がありますが、書籍も比較的高価でないものが多いため、優越感よりも知的好奇心のもとで動いている傾向があります。

Cを選んだ人
➡Cを選んだ人は、優越感が強い傾向があります。ゲーム機は比較的高価であるものが多く、さらに最新であるため人気も高く、他人に自慢したい気持ちを潜在的にもっている傾向があります。

Dを選んだ人
➡Dを選んだ人は、比較的優越感が強い傾向があります。スマートフォンは高価な消耗品です。抱える必要に迫られているわけでもなく、この選択肢を選んだ人は他人よりも優位でありたいと思い込んでいる傾向があります。

Eを選んだ人
➡Eを選んだ人は、優越感が低い傾向があります。骨董品は高価なものではありますが、現在の流行とは関係ありません。そのため、他人への優越感は強くなく、むしろ自分の価値観を明確にもっている傾向があります。

あなたが孤独感を感じているかがわかる

《解説》

この心理テストは、あなたが孤独感をどれほど感じているかがわかります。孤独感が弱い人は、自分の気持ちを大切にする人、孤独感が強い人は他人からの見られ方を大切にする人である傾向があります。

Aを選んだ人

➡Aを選んだ人の孤独感は40％です。自己省察《せいさつ》をする傾向が高く、集団のなかで常に気配りができる人です。他人の行動はすべて自分に関係があると考える傾向があります。

Bを選んだ人

➡Bを選んだ人の孤独感は80％です。自己省察《せいさつ》の傾向は強いものの、他人の行動は自分とは無関係と考えやすいため、孤独感は高い傾向があります。

Cを選んだ人

➡Cを選んだ人の孤独感は60％です。上司の行動に対して、自分とは無関係と考えているため、やや孤独感が高い傾向がありますが、上司の行動に関心は向けてはいるため、適切な程度に自己省察《せいさつ》をおこなう傾向あります。

Dを選んだ人

➡Dを選んだ人の孤独感は20％です。他人の行動がまったく気にならない人です。自分の世界観を大事にし、孤独感が低い傾向があります。自己省察《せいさつ》する傾向も低い特徴があります。

主な参考文献

『相手の心を絶対に見抜く心理術』ゆうきゆう 著（海竜社）

『相手の性格を見抜く心理テスト〜ゆうきゆうのキャラクタープロファイリング〜』ゆうきゆう 著 ソウ 画（マガジンランド）

『いいね！』の魔力 認められたい心理学のヒミツ』ゆうきゆう 著（海竜社）

『打たれ弱〜いビジネスマンのための ゆうき式ストレスクリニック』ゆうきゆう 著（ナナ・コーポレート・コミュニケーション）

『学研雑学百科・心理学入門 心のしくみがわかると、見方が変わる』ゆうきゆう 監修（学研プラス）

『ココロの悩みがスッキリする マンガ 心理学大全』ゆうきゆう 著（三笠書房）

『これは使える！心理テスト』ゆうきゆう 著（三笠書房）

『しんどい心にさようなら 生きやすくなる55の考え方』きい 著 ゆうきゆう 監修（KADOKAWA）

『出会いでつまずく人のための心理術』ゆうきゆう 著（NaNaブックス）

『なるほど！』とわかる マンガ はじめての自分の心理学』ゆうきゆう 監修（西東社）

『なるほど！』とわかる マンガ はじめての他人の心理学』ゆうきゆう 監修（西東社）

『なるほど！』とわかる マンガ はじめての恋愛心理学』ゆうきゆう 監修（西東社）

『マンガでわかる！心理学超入門』ゆうきゆう 監修（西東社）

『マンガでわかる！ホンネを見抜く心理学』ゆうきゆう 監修（西東社）

『マンガでわかる！気分よく・スイスイ・いい方向へ「自分を動かす」技術』ゆうきゆう 著（三笠書房）

『マンガで分かる心療内科 30』ゆうきゆう 原作 ソウ 作画（少年画報社）

『マンガで分かる心療内科 アドラー心理学編』ゆうきゆう 原作 ソウ 作画（少年画報社）

『マンガ版 ちょっとだけ・こっそり・素早く「言い返す」技術』ゆうきゆう 著（三笠書房）

『めんどうな人をサラッとかわす本』ゆうきゆう 監修（三才ブックス）

『もうひと押しができない！ やさしすぎる人のための心理術』

『人づきあいがラクになる マンガ 人間関係の心理学大全』ゆうきゆう 著（日本実業出版社）

『なるほど心理学 新装版 自分と他人の本音がわかる！』ゆうきゆう 監修（Gakken）

『人のココロの裏を読む マンガ ズルい心理学大全』ゆうきゆう 監修（西東社）

＊　＊　＊

『アサーション・トレーニング—さわやかな〈自己表現〉のために—』平木典子 著（日本・精神技術研究所）

『アドラー 人生を生き抜く心理学』岸見一郎 著（NHK出版）

『アドラー心理学入門 よりよい人間関係のために』岸見一郎 著（KKベストセラーズ）

『アドラーに学ぶ職場コミュニケーションの心理学』小倉広 著（日経BP社）

『アドラー心理学—人生を変える思考スイッチの切り替え方』八巻秀 監修（ナツメ社）

『いやな気分よ、さようなら—自分で学ぶ「抑うつ」克服法—』デビッド・D・バーンズ 著 野村総一郎 訳（星和書店）

『イラスト＆図解 知識ゼロでも楽しく読める！心理学』齊藤勇 監修（西東社）

『植木理恵のすぐに使える行動心理学』植木理恵 監修（宝島社）

『植木理恵の人間関係がすっきりする行動心理学』植木理恵 監修（宝島社）

『嘘の見抜き方』若狭勝 著（新潮新書）

『大人の心理テスト』齊藤勇 監修（日本文芸社）

『面白いほどよくわかる！自分の心理学』渋谷昌三 著（西東社）

『面白いほどよくわかる！職場の心理学』齊藤勇 監修（西東社）

『面白いほどよくわかる！心理学の本』渋谷昌三 著（西東社）

『面白いほどよくわかる！他人の心理学』渋谷昌三 著（西東社）

『面白いほどよくわかる！臨床心理学』下山晴彦 監修（西東社）

『面白いほどわかる！他人の心理大事典』おもしろ心理学会 編（青春出版社）

『今日から使える認知行動療法』福井至、貝谷久宣 監修（ナツメ社）

『今日から使える行動心理学』齊藤勇 著（ナツメ社）

『ケアする人も楽になる マインドフルネス&スキーマ療法 BOOK1』
伊藤絵美 著（医学書院）
『ケアする人も楽になる マインドフルネス&スキーマ療法 BOOK2』
伊藤絵美 著（医学書院）
『ケアする人も楽になる 認知行動療法入門 BOOK1』伊藤絵美 著（医学書院）
『ケアする人も楽になる 認知行動療法入門 BOOK2』伊藤絵美 著（医学書院）
『サクッとわかる ビジネス教養 アドラー心理学』岩井俊憲 監修（新星出版社）
『サクッとわかる ビジネス教養 心理学』匠英一 監修（新星出版社）
『サクッとわかる ビジネス教養 認知バイアス』藤田政博 監修（新星出版社）
『「しぐさ」を見れば心の9割がわかる!』渋谷昌三 著（三笠書房）
『仕事の厄介な問題は心理学で解決できる』匠英一 著（河出書房新社）
『史上最強図解 よくわかる人間関係の心理学』碓井真史 監修（ナツメ社）
『渋谷先生の一度は受けたい授業 今日から使える心理学』渋谷昌三 著（ナツメ社）
『渋谷先生の一度は受けたい授業 今日から使える人間関係の心理学』
渋谷昌三 著（ナツメ社）
『自分がわかる心理学―心が軽くなるアドバイス』渋谷昌三 著（ナツメ社）
『「人生がうまくいかない」が100%解決する アドラー心理学見るだけノート』
小倉広監修（宝島社）
『人生が大きく変わる アドラー心理学入門』岩井俊憲 著（かんき出版）
『アドラー心理学 ―人生を変える思考スイッチの切り替え方―』
八巻秀 監修（ナツメ社）
『心理学がイッキにわかる本』渋谷昌三 監修（西東社）
『会話が続く、上手なコミュニケーションができる! 図解 相手の気持ちをきちんと〈聞く〉技術』平木典子 著（PHP研究所）
『図解 自分の気持ちをきちんと〈伝える〉技術 人間関係がラクになる自己カウンセリングのすすめ』平木典子 著（PHP研究所）
『図解 心理学用語大全 人物と用語でたどる心の学問』
齊藤勇 監修 田中正人 編著（誠文堂新光社）
『図解 身近にあふれる「心理学」が3時間でわかる本』
内藤誼人 著（明日香出版社）
『性格は変えられる アドラー心理学を語る 1』野田俊作 著（創元社）
『世界最先端の研究が教える新事実 心理学BEST100』
内藤誼人 著（総合法令出版）
『ゼロからはじめる! 心理学見るだけノート』齊藤勇 監修（宝島社）
『悩みが消える「勇気」の心理学 アドラー超入門』
永藤かおる 著 岩井俊憲 監修（ディスカヴァー・トゥエンティワン）
『何があっても「大丈夫。」と思えるようになる 自己肯定感の教科書』
中島輝 著（SBクリエイティブ）
『人間関係が「しんどい!」と思ったら読む本』
心屋仁之助 著（KADOKAWA）
『人間関係の心理学』齊藤勇 編（誠信書房）
『眠れなくなるほど面白い 図解 臨床心理学』湯汲英史 監修（日本文芸社）
『眠れなくなるほど面白い 図解 心理学の話』渋谷昌三 監修（日本文芸社）
『初めてのアドラー心理学』
アン・フーパー、ジェレミー・ホルフォード 著 鈴木義也 訳（一光社）
『はじめての心理学』内藤誼人 著（成美堂出版）
『「人づきあい」がラクになる! アドラー心理学に学ぶ「対人関係力」の高め方』
岩井俊憲 監修（PHP研究所）
『人はなぜ怒るのか』藤井雅子 著（幻冬舎）
『フシギなくらい見えてくる! 本当にわかる心理学』
植木理恵 著（日本実業出版社）
『マンガでわかる人間関係の心理学』渋谷昌三 著（池田書店）
『マンガでわかる心理学入門』渋谷昌三 著（池田書店）
『「見た目」だけで心の9割がわかる!』渋谷昌三 著（三笠書房）
『見た目でわかる 外見心理学』齊藤勇 著（ナツメ社）
『勇気づけの方法 アドラー心理学を語る 4』野田俊作 著（創元社）
『臨床心理学 頻出キーワード&キーパーソン事典』
心理学専門学校ファイブアカデミー 著（ナツメ社）
『劣等感と人間関係 アドラー心理学を語る 3』野田俊作 著（創元社）
『わたしが「わたし」を助けに行こう ―自分を救う心理学―』
橋本翔太 著（サンマーク出版）

監修者 **ゆうきゆう**

精神科医。ゆうメンタルクリニック・スキンクリニックグループ総院長。東京大学医学部医学科を卒業。「つらいとき、すぐに」をモットーにして治療を行い、2025年現在、ゆうメンタルクリニック、ゆうスキンクリニック、ゆうリワークセンター、ゆう訪問看護ステーションを首都圏や関西中心に21拠点を展開する。医師業のかたわらマンガ原作者としても活躍。主なマンガ原作に『マンガで分かる心療内科』シリーズ（少年画報社）などがある。著者・監修書の累計発行部数は500万部を超える。

マンガ家 **すぎやま えみこ**

岐阜県生まれ。名古屋のデザイン会社で広告・雑誌のデザイナーを務めつつ、イラストの仕事を開始。1995年にイラストレーターとして独立。雑誌や書籍を中心にイラストやマンガを制作し、担当書籍は『マンガでサクッと! 社会人1年目のビジネスマナー』（主婦の友社）など多数。

イラスト	小倉靖弘、Getty Images
デザイン	鷹觜麻衣子
DTP	高 八重子
執筆協力	宇津木聡史、小川裕子、三坂 輝
編集協力	有限会社ヴュー企画（松本 理）

知《し》れば明日《あした》の“わたし”が変《か》わる
マンガ 自分《じぶん》の心理学大全《しんりがくたいぜん》

2025年4月30日発行　第1版

監修者	ゆうきゆう
発行者	若松和紀
発行所	株式会社 西東社 〒113-0034　東京都文京区湯島2-3-13 https://www.seitosha.co.jp/ 電話　03-5800-3120（代）

※本書に記載のない内容のご質問や著者等の連絡先につきましては、お答えできかねます。

ISBN 978-4-7916-3405-7